:: 中華文化促進會主持編纂

:: 國家“十一五”～“十四五”重點圖書出版規劃項目

:: 中國社會科學院哲學社會科學創新工程學術出版資助項目

出品人 王石 段先念

今注本二十四史

遼史

元　脱脱等　撰

李錫厚　劉鳳翥　主持校注

中國社會科學出版社

五

志【三】

遼史　卷四二

志第十二

曆象志上[1]

[1]《遼史》成書於元順帝至正四年（1344），署名爲元中書
右丞相都總裁脱脱等修。至於《遼史·曆象志》三卷，究爲何人撰
寫，則無史料記載。薄樹人先生曾查閲全書目録之前，有脱脱《進
遼史表》，内中開列有參與撰史的主要人物共十一名，並無以天文
曆法見長的人。唯一可能掛得上一點關係的是秘書著作佐郎徐昺。
按元代的制度，秘書監管司天台，也掌管收藏包括各種天文曆法、
陰陽術數等方面的書在内的秘籍圖書。這是徐昺的職責所在，可能
多少也熟悉一些天文曆法方面的内容。故可能《曆象志》與他有
關。但正因爲他不是天文曆法方面的行家，也因資料缺乏，致使本
志爲正史天文志、曆志中篇幅較短，質量也存在諸多問題的一
份了。

遼代的建國時間並不短，自遼太祖耶律阿保機於公元 907 年稱
帝立國，至遼天祚帝保大五年（1125）爲金代所滅，共歷九帝二百
一十九年（《遼史》撰者脱脱《進遼史表》有遼代 "享國二百一十
九載" 之説），比北宋還要長一些。就字面的含義而言，《曆象志》

是遼代曆法和天象記録，理应與歷代的曆法志和天文志相當。但是，真正屬於遼代自己創作的唯一一部曆法，其真正内容，却未能記載下來。所謂曆象部分，除記載一段空泛的議論之外，衹是交待了有關天象吉祥，具載帝紀，不再重複。這就是説，有關遼代天象記録，就衹有到帝紀中查找了。

契丹的曆法，與宋朝的曆法素來相差一日。北宋熙寧十年（1077），蘇頌奉使賀遼道宗生辰，恰逢冬至，依遼朝曆法，冬至日先於宋朝一日。宋使副欲依宋曆祝賀，而契丹館伴官不接受。蘇頌精通曆學，與之泛論曆學，而實際上，還是遼曆更準確。宋人葉夢得《石林燕語》卷九記載此事説："元豐中，使虜適會冬至，虜曆先一日，趨使者入賀。虜人不禁天文術數之學，往往皆精。其實虜曆爲正也，然勢不可從。子容乃爲泛論曆學，援據詳博，虜人莫能測，無不聳聽。即徐曰：'此亦無足深較，但積刻差一刻爾，以半夜子論之，多一刻即爲今日，少一刻即爲明日，此蓋失之多爾。'虜不能遽折。及後歸奏，神宗大喜，即問'二曆竟孰是'，因以實言，太史皆坐罰。至元祐初遂命子容重修渾儀，製作之精，皆出前古。"據曾肇《曲阜集》卷三《贈司空蘇公墓誌銘》，蘇頌使遼與之論曆，是發生在熙寧十年（1077）冬至日。蘇頌憑着自己的曆學修養，明知契丹曆爲正，但爲一爭高下，竟與之泛論曆學。回到開封以後，宋神宗問明究竟，處罰了主管曆法的太史。此事證明遼朝天文曆象的研究水準，在某些方面是高過宋朝的。《曆象志》中最有價值的部分，爲中卷《閏考》和下卷《朔考》。這兩卷對歷史學家尤其重要。遼與中原的五代及宋王朝並存，但曆法却並不一致，其朔閏互異。遼國曆法又無遺存，若無這兩篇《閏考》和《朔考》，就無法知道遼國的曆日。清人錢大昕所撰《宋、遼、金、元四史朔閏考》等，就將其作爲主要依據。

遼以幽、營立國，[1]禮樂制度規模日完，授曆頒朔

二百餘年。今奉詔修《遼史》，體與宋、金儗，其《大
明曆》不可少也。曆書法禁不可得，求《大明曆》元，
得祖沖之法于外史。[2]沖之之法，遼曆之所從出也歟？
國朝亦嘗因之。[3]以沖之法算，而至於遼更曆之年，以
起元數，是蓋遼《大明曆》。遼曆因是固可補，然弗之
補，史貴闕文也。外史紀其法，司天存其職，遼史志是
足矣。作《曆象志》。

[1]遼以幽、營立國：遼以幽州、營州立國。宋遼時的幽州，
相當於現今的北京一帶；營州相當於今昌黎一帶。【劉注】此營州
是指契丹興起以前之營州。據《新唐書》卷二一五《契丹傳》：在
唐太宗貞觀二十二年（648）四月，契丹辱紇主（一部首領）曲據
帥衆內附，唐以其地置玄州，以曲據爲刺史，隸營州都督府。當時
的營州治所在柳城（今遼寧省朝陽市）。因柳城一帶陷於契丹，營
州內遷。此歷史過程詳見本書《地理志》。

[2]求《大明曆》元，得祖沖之法于外史：據遼代文獻記載，
遼代創制改用《大明曆》。但由於法禁的原因，搜集《大明曆》本
文不可得，最終從外史中求得祖沖之的《大明曆》以爲遼曆之本。
此處“求《大明曆》元”，似爲“求《大明曆》法”更爲妥貼，而
“求《大明曆》元”，亦可理解爲與下文的“遼更曆之年，以起元
數”相對應。外史，指司天監外的歷史文獻。【劉注】《大明曆》，
曆法名。南朝宋著名數學家祖沖之以爲“古曆疏舛、頗不精密”，
乃於大明六年（462）創制《大明甲子元曆》，簡稱《大明曆》。規
定一回歸年爲365天。祖沖之首次引入了“歲差”的概念，從而使
得曆法更加精確，是中國第二次較大的曆法改革。

[3]“沖之之法”至“國朝亦嘗因之”：作者以爲，遼代沿用
了祖沖之的《大明曆》，即使是金或元代，也在沿用。這裏的國朝，
當指元代。汪曰楨《古今推步諸術考》曰：“見遼史志，謂即劉宋

時祖沖之大明術，其説出於臆度附會。實則'大明'之名偶同，非即祖術也。金楊級、趙知微之術，並以大明爲名，當即本遼術修之。《元史·劉秉忠傳》稱'知微術爲遼術'，其明證也。今考楊、趙二術，歲餘約分二四三五九四六四，朔餘約分五三〇五九二七三，而祖術歲餘約分二四二八一四八一，朔餘約分五三〇五九一五二，殊不相合，且祖術求定朔，但有月離遲疾，尚無日躔盈縮之率，遼術必不疏闊如此也。"根據汪曰楨這一論斷，近世曆家錢寶琮、薄樹人、陳美東等，均認爲遼《大明曆》非祖沖之《大明曆》，作者從外史誤採引入失當。【劉注】祖沖之（429—500），字文遠。出生於建康（今江蘇省南京市），祖籍范陽郡遒縣（今河北省淶水縣），中國南北朝時期傑出的數學家、天文學家。祖沖之一生鑽研自然科學，主要貢献在數學、天文曆法和機械製造三方面。他在劉徽開創的探索圓周率的精确方法的基礎上，首次推算出圓周率 π 的不足近似值（朒數）3.1415926 和過剩近似值（盈數）3.1415927，指出 π 的真值在盈、朒兩限之間。

曆[1]

[1]《曆象志》三卷，分別對應於曆、閏考、朔考，但在朔考之後，又附以象、漏刻、星官，這部分内容雖然文字不多，却對應於歷代天文志。換句話説，《遼史·曆象志》的天文志部分祇是應個景而已，没有下功夫着力編寫。

大同元年，[1]太宗皇帝自晉汴京收百司僚屬伎術曆象，[2]遷于中京，[3]遼始有曆。先是，梁、唐仍用唐景福《崇玄曆》。[4]晉天福四年，[5]司天監馬重績奏上《乙未元曆》，號《調元曆》，太宗所收于汴是也。[6]穆宗應曆十一年，司天王白、李正等進曆，蓋《乙未元曆》也。[7]聖宗統和十二年，可汗州刺史賈俊進新曆，則《大明曆》是也。[8]高麗所志《大遼古今錄》稱統和十二年始頒正朔改曆，驗矣。[9]《大明曆》本宋祖沖之法，具見沈約《宋書》。[10]具如左。

宋武帝大明六年，[11]祖沖之上甲子元曆法，未及施用，因名《大明曆》。

[1]大同：【劉注】遼太宗耶律德光年號（947）。

[2]太宗：【劉注】遼太宗耶律德光的廟號。　晉：【劉注】五代時期石敬瑭所建立的朝代，史稱後晉。　汴京：【劉注】後晉都城。今河南省開封市。

[3]中京：【劉注】遼代五京之一。故址在今內蒙古自治區寧城縣大明鎮。

[4]景福：【劉注】唐昭宗年號（892—893）。

[5]天福：【劉注】後晉高祖石敬瑭和出帝石重貴共用年號（936—944）。

[6]自"大同元年"至"收于汴是也"：是說遼太宗於大同元年（947）攻克晉都汴京，將晉都收藏的百司僚屬伎術曆象文物文獻資料，悉遷於中京，建立起類似漢人政權中的天文機構，自此之後，遼國纔有了自己的曆法，也包括漏刻、渾象等儀器。

[7]穆宗應曆十一年，司天王白、李正等進曆，蓋《乙未元曆》也：穆宗應曆十一年（961），即遼收後晉圖籍建立司天監後十四年，纔由司天監官王白、李正上書，建議頒行《乙未元曆》。有關乙未曆的來曆，汪曰楨《古今推步諸術考》曰："後晉馬重績調元術，以唐天寶十四載乙未正月辛酉朔雨水爲元（故稱乙未術）。日法一萬。見《五代史記·司天考》云：以宣明氣朔、崇元星緯，二術相參爲之（故又名調元術）。遼史志謂大同元年遼始有馬重績

乙未術，又謂應曆十一年司天進術，即乙未術。疑中間必有改定，不可考矣。自後晉高祖天福四年己亥始用此術，迄齊王天福八年癸卯，凡五年。遼亦用此術，自太宗大同元年丁未迄聖宗統和十二年甲午，凡四十八年。"王白何許人也？據本書卷一〇八《方技傳》曰："王白，冀州人，明天文，善卜筮，晉司天少監，太宗入汴得之。"由此可知，遼於大同元年（947）入汴，將晉圖書資料和人才一併收入中京。王白爲晉司天少監，晉正是通過他來頒行馬重績的乙未術。王白入遼之後，又將乙未術進獻給遼朝。由此可見，乙未術和王白等人入遼之後，先在内部試用，並用以推布民用曆書，至應曆十一年纔由王白等正式上書頒布。【劉注】應曆，遼穆宗耶律璟年號（951—969）。

[8]聖宗統和十二年，可汗州刺史賈俊進新曆，則《大明曆》是也：此處明載統和十二年（994）賈俊進"新曆"，即賈俊新造的曆法。僅僅由於曆名相同，作者便推定爲五百年之前祖冲之的舊法。於此汪曰楨《古今推步諸術考》曰："此術統和十二年進，即宋淳化五年（994），史又謂即以統和十二年甲午爲元。蓋淳化四年閏十月，而十一月甲寅朔冬至，故用爲元首（賈俊《大明曆》之元首），其必非祖術明矣。自聖宗統和十三年乙未始用此術，迄天祚帝保大五年乙巳，凡一百三十一年。金亦用此術，自太祖天輔六年壬寅，迄熙宗天會十四年丙辰，凡一十五年，統計乙未至丙辰，大凡行用一百四十二年。"【劉注】統和，遼聖宗耶律隆緒年號（983—1012）。可汗州，治所在今河北省懷來縣。

[9]始頒正朔改曆，驗矣：從高麗《大遼古今錄》所志，統和十二年改曆之事，可以得到證明，但並未證明賈俊所上《大明曆》就是祖冲之曆。

[10]《大明曆》本宋祖冲之法，具見沈約《宋書》：即指大明曆法具見《宋書》，即以上本志所述外史。"《大明曆》本宋祖冲之法"，據中華點校本校勘記，《考異》："祖冲之曆，已見前史，而此志全錄之，蓋作史者徒求卷帙之富，於史例無當也。"汪曰楨《古

今推步諸術考》云："遼賈俊《大明曆》無考，見遼史志。謂即劉宋時祖沖之大明術，其説出於臆度附會；實則'大明'之名偶同，非即祖術也。"檢本志下文稱："至遼，聖宗以賈俊所進新曆，因宋大明舊號行之。"是元人修史時已知賈俊新曆與宋祖沖之術不同，不過因襲大明舊號。但本卷仍全錄《宋書》所載祖沖之曆。【劉注】沈約（441—513），字休文，吳興郡武康縣（今浙江省德清縣）人。南朝著名政治家文學家、史學家。出身於門閥士族家庭，與梁武帝交好。官至尚書令，兼太子少傅，封建昌縣侯。著有《宋書》。《宋書》是一部記述南朝宋一代歷史的紀傳體史書。南朝梁沈約撰，含本紀十卷、志三十卷、列傳六十卷，共一百卷。

[11]宋：【劉注】南北朝時期劉裕所建朝代名。　大明：【劉注】南朝宋孝武帝劉駿的年號（457—464）。

上元甲子至宋大明七年癸卯，五萬一千九百三十九年算外。

元法：五十九萬二千三百六十五。

紀法：三萬九千四百九十一。

章歲：三百九十一。

章月：四千八百三十六。

章閏：一百四十四。

閏法：十二。

月法：十一萬六千三百二十一。

日法：三千九百三十九。

餘數：二十萬七千四十四。

歲餘：九千五百八十九。

沒分：三百六十萬五千九百五十一。

沒法：五萬一千七百六十一。

周天：一千四百四十二萬四千六百六十四。

虛分：萬四百四十九。

行分法：二十三。

小分法：一千七百一十七。

通周：七十二萬六千八百一十。

會周：七十一萬七千七百七十七。

通法：二萬六千三百七十七。

差率：三十九。

推朔術：

置入上元年數筭外，以章月乘之，滿章歲爲積月，不盡爲閏餘。閏餘二百四十七以上，其年有閏。以月法乘積月，滿日法爲積日，[1]不盡爲小餘。六旬去積日，不盡爲大餘。大餘命以甲子，筭外，所求年天正十一月朔也。小餘千八百四十九以上，其月大。

[1]積日：原本誤作“積月”，中華點校本依《宋書》改。今從改。

求次月：

加大餘二十九，小餘二千九十。小餘滿日法從大餘，[1]大餘滿六旬去之，命如前，次月朔也。

[1]小餘滿日法從大餘：據中華點校本校勘記，“小”字原脫，依曆理補。

求弦望：

加朔大餘七，小餘千五百七，小分一。小分滿四從小餘，小餘滿日法從大餘，命如前，上弦日也。又加得望，又加得下弦，又加得後月朔也。

推閏術：

以閏餘減章歲，餘滿閏法得一月，命以天正，筭外，閏所在也。閏有進退，以無中氣為正。

推二十四氣：[1]

置入上元年數筭外，以餘數乘之，滿紀法為積日，不盡為小餘。六旬去積日，不盡為大餘。大餘命以甲子，筭外，天正十一月冬至日也。

求次氣：

加大餘十五，小餘八千六百二十六，小分五。小分滿六從小餘，小餘滿紀法從大餘，[2]命如前，次氣日也。

[1]推二十四氣：據中華修訂本校勘記，《宋書·律曆志》此下有“術”字，是。

[2]小餘滿紀法從大餘：據中華點校本校勘記，“小餘”二字原脫，依《宋書》補。

求土王用事：

加冬至大餘二十七，小餘萬五千五百二十八，季冬土用事日也。[1]又加大餘九十一，小餘萬二千二百七十，次土用事日也。

[1]季冬土用事日也：據中華點校本校勘記，“冬”字，原本誤作“月”，依《宋書》改。

推没術：

以九十乘冬至小餘，以減没分，滿没法爲日，不盡爲日餘，命日以冬至，筭外，没日也。

求次没：

加日六十九，日餘三萬四千四百四十二，餘滿没法從日，次没日也。日餘盡爲滅。

推日所在度術：

以紀法乘朔積日爲度實，周天去之，餘滿紀法爲積度，不盡爲度餘。命以虛一，次宿除之，筭外，天正十一月朔夜半日所在度也。

求次月：

大月加度三十，小月加度二十九，入虛去度分。

求行分：

以小分法除度餘，所得爲行分，不盡爲小分，小分滿法從行分，行分滿法從度。

求次日：

加一度。入虛去行分六，小分百四十七。

推月所在度術：

以朔小餘乘百二十四爲度餘，又以朔小餘乘八百六十爲微分，微分滿月法從度餘，[1] 度餘滿紀法爲度。以減朔夜半日所在，則月所在度。

[1]微分滿月法從度餘：據中華點校本校勘記，“餘”字原脱，依曆理補。

求次月：

大月加度三十五，度餘三萬一千八百三十四，微分七萬七千九百六十七，小月加度二十二，度餘萬七千二百六十一，微分六萬三千七百三十六，入虛去度也。

遲疾曆：[1]

[1]據中華點校本校勘記，《遲疾曆》表中數字據曆理推算應校改如下：第一列：行五，行分"二十一"應作"二十二"；行二十，應補"行分一"；行二十二，月行度"十二"應作"十三"，行分"十二"亦應作"十三"；行二十五，行分"十六"應作"六"；行二十八，行分"十"應作"十四"。

第二列：行二十三，"三十七"應作"二十七"。

第三列：行四，"五百五萬八千三百八"，"三百八"應作"二百八"；行七，"七百七十七萬二千七百一十一"，末"一"字應刪；行十七，"三百八十七萬五十四"，"五十四"應作"五百一十四"；行十八，"五百三十一萬"應作"五百三十萬"；行二十四，"六百九十萬"應作"六百九十一萬"；行二十五，"五百八十七萬一千"，"一千"應作"二千"。

第四列：行十八，"四千五百二十九"，"二十九"應作"三十九"；行二十，應補"四千七百九"五字；行二十八，"五千三百三十一"，"三十一"應作"二十一"。

月行度	損益率	盈縮積分	差法
一日十四行分十三	益七十	盈初	五千三百四
二日十四十一	益六十五	盈百八十四萬二千三百一十六	五千二百七十

三日十四八	益五十七	盈三百五十五萬七百六	五千二百一十九
四日十四四	益四十七	盈五百五萬八千三百八	五千一百五十一
五日十三二十一	益三十四	盈六百二十九萬七千八百五十七	五千六十六
六日十三十七	益二十二	盈七百二十萬二千六百九十一	四千九百八十一
七日十三十一	益六	盈七百七十七萬二千七百一十一	四千八百七十九
八日十三五	損九	盈七百九十四萬九百五十二	四千七百七十七
九日十二二十二	損二十四	盈七百七十萬七千四百一十五	四千六百七十五
十日十二十六	損三十九	盈七百七萬二千一百	四千五百七十三
十一日十二二十一	損五十二	盈六百三萬五千七	四千四百八十八
十二日十二八	損六十	盈四百六十六萬三千一百	四千四百三十七
十三日十二六	損六十五	盈三百九萬三百三	四千四百三
十四日十二四	損七十	盈百三十八萬三千五百八十	四千三百六十九
十五日十二五	益六十七	縮四十五萬七千六百一十九	四千三百八十六
十六日十二七	益六十二	縮二百二十三萬七百五十五	四千四百二十

十七日十二十	益五十五	縮三百八十七萬五十四	四千四百七十一
十八日十二十四	益四十四	縮五百三十一萬九千三百八十五	四千五百二十九
十九日十二十九	益三十二	縮六百四十八萬四百四	四千六百二十四
二十日十三	益十九	縮七百三十一萬六千六百八	
二十一日十三七	益四	縮七百八十一萬七千九百九十六	四千八百一十一
二十二日十二十二	損十一	縮七百九十一萬七千六百七	四千九百一十三
二十三日十三十九	損三十七	縮七百六十一萬五千四百四十	五千一十五
二十四日十四一	損三十九	縮六百九十萬一千四百九十五	五千一百
二十五日十四十六	損五十二	縮五百八十七萬一千七百三十五	五千一百八十五
二十六日十四十	損六十二	縮四百四十九萬九千一百五十九	五千二百五十三
二十七日十四十二	損六十七	縮二百八十五萬七千七百三十二	五千二百八十七
二十八日十四十	損七十四	縮百八萬二千三百七十九	五千三百三十一

推入遲疾曆術：

以通法乘朔積日爲通實，通周去之，餘滿通法爲日，不盡爲日餘。命日筭外，天正十一月朔夜半入曆日也。

求次月：

大月加二日，小月加一日，日餘皆萬一千七百四十六。曆滿二十七日，日餘萬四千六百三十一，則去之。

求次日：

加一日。

求日所在定度：

以夜半入曆日餘乘損益率，以損益盈縮積分，如差率而一，所得滿紀法爲度，不盡爲度餘，以盈加縮減平行度及餘爲定度。益之或滿法，損之或不足，以紀法進退。求度行分如上法。求次日，如所入遲疾加之。虛去分，如上法。

陰陽曆：

	損益率	兼數
一日	益十六	初
二日	益十五	十六
三日	益十四	三十一
四日	益十二	四十五
五日	益九	五十七
六日	益五	六十六
七日	益一	七十一
八日	損二	七十二

九日	損六	七十
十日	損十	六十四
十一日	損十三	五十四
十二日	損十五	四十一
十三日	損十六	二十六
十四日	損十六	十

推入陰陽曆術：

置通實以會周去之，不滿交數三十五萬八千八百八十八半爲朔入陽曆分，[1] 各去之，爲朔入陰曆分，各滿通法得一日，不盡爲日餘。命日筭外，天正十一月朔夜半入曆日也。

[1] 不滿交數三十五萬八千八百八十八半爲朔入陽曆分：據中華點校本校勘記，"三"字，原本誤作"二"，據《宋書》改。

求次月：

大月加二日，小月加一日，日餘皆二萬七百七十九。曆滿十三日，日餘萬五千九百八十七半，則去之。陽竟入陰，陰竟入陽。

求次日：

加一日。

求朔望差：

以二千二十九乘朔小餘，滿三百三爲日餘，不盡倍之爲小分，則朔差數也。加一十四日，日餘二萬一百八十六，小分百二十五。小分滿六百六從日餘，日餘滿通法爲日，即望差數也。又加之，後月朔也。

求合朔月食：

置朔望夜半入陰陽曆及餘，有半者去之，置小分三百三，以差數加之。小分滿六百六從日餘，日餘滿通法從日，日滿一曆去之。命日筭外，則朔望加時入曆也。朔望加時入曆一日，日餘四千一百九十八，小分四百二十八以下，十二日，日餘萬一千七百八十八，小分四百八十一以上，朔則交會，望則月食。

求合朔月食定大小餘：

令差數日餘加夜半入遲疾曆餘，[1]日餘滿通法從日，則朔望加時入曆也。以入曆餘乘損益率，以損益盈縮積分，如差法而一，以盈減縮加本朔望小餘爲定小餘。益之或滿法，損之或不足，以日法進退日。

[1]令差數日餘加夜半入遲疾曆餘：據中華點校本校勘記，"令"字，原本誤作"合"，據《宋書》改。

求合朔月食加時：

以十二乘定小餘，滿日法得一辰，命以子，筭外，加時所在辰也。有餘者四之，滿日法得一爲少，二爲半，三爲太。又有餘者三之，滿日法得一爲強，以強并少爲少強，并半爲半強，并太爲太強。得二者爲少弱，以并太爲一辰弱，[1]以前辰名之。

[1]得二者爲少弱，以并太爲一辰弱：據中華修訂本校勘記，

《宋書·律曆志》同。王仲犖《宋書校勘記長編》謂此段文字據曆理當作"得二者爲少弱，以并少爲半弱，并半爲太弱，并太爲一辰弱"。

求月去日道度：

置入陰陽曆餘乘損益率，如通法而一，以損益兼數爲定。定數十二而一爲度。不盡四而一，爲少、半、太。又不盡者三而一，[1] 一爲強，二爲少弱，則月去日道數也。陽曆在表，陰曆在裏。

[1] "不盡四而一"至"又不盡者三而一"：據中華點校本校勘記，"四"字，原本誤作"三"，"三而一"原脱，據算理補正。

測景漏刻中星數：[1]

[1]據中華點校本校勘記，測景漏刻中星數表中數字應校改如下：大寒，夜漏刻分"二"應作"三"，明中星度行分"六"應作"五"。

雨水，明中星度行分"七"應作"六"。

驚蟄，昏中星度"九十一"應作"九十七"，補行分"九"。

穀雨，日中景"二尺二寸六分"應作"三尺二寸六分"，昏中星度行分"三"應作"二"，明中星度"二百五十四"應作"二百五十五"。

立夏，明中星度行分"七"應作"十一"。

小滿，夜漏刻"二十六"應作"三十六"。

芒種，夜漏刻"二十五"應作"三十五"。

小暑，晝漏刻分"八分"，"分"字衍；夜漏刻分"一"應作

"二"；明中星度行分"一"應作"二"。

處暑，明中星度"二百五十四"應作"二百五十五"。

霜降，明中星度行分"七"應作"六"。

二十四氣	日中景	晝漏刻	夜漏刻	昏中星度	明中星度
冬至	一丈三尺	四十五	五十五	八十二行分二十一	二百八十三行分八
小寒	一丈二尺四寸三分	四十五六	五十四四	八十四	二百八十二六
大寒	一丈一尺二寸	四十六七	五十三二	八十六一	二百八十六
立春	九尺八寸	四十八四	五十一六	八十九三	二百七十七三
雨水	八尺一寸七分	五十五	四十九五	九十三	二百七十三七
驚蟄	六尺六寸七分	五十二九	四十七一	九十一	二百六十八二十
春分	五尺三寸七分	五十五五	四十四五	百二三	二百六十四三
清明	四尺二寸五分	五十八一	四十一九	百六二十一	二百五十九八
穀雨	二尺二寸六分	六十四	三十九六	百一十一三	二百五十四四
立夏	二尺五寸三分	六十二四	三十七六	百一十四十八	二百五十一七

小滿	一尺九寸九分	六十三九	二十六一	百一十七十二	二百四十八十七
芒種	一尺六寸九分	六十四八	二十五二	百一十九四	二百四十七二
夏至	一尺五寸	六十五	三十五	百一十九十二	二百四十六十七
小暑	一尺六寸九分	六十四八分	三十五一	百一十九四	二百四十七一
大暑	一尺九寸九分	六十三九	三十六一	百一十七十二	二百四十八十七
立秋	二尺五寸三分	六十二四	三十七六	百一十四十八	二百五十一十二
處暑	三尺二寸六分	六十四	三十九六	百一十一二	二百五十四四
白露	四尺二寸五分	五十八一	四十一九	百六二十一	二百五十九八
秋分	五尺三寸七分	五十五五	四十四五	百二三	二百六十四三
寒露	六尺六寸七分	五十二九	四十七一	九十七九	二百六十八二十
霜降	八尺一寸七分	五十五	四十九五	九十三	二百七十三七
立冬	九尺八寸	四十八四	五十一六	八十九三	二百七十七三
小雪	一丈一尺二寸	四十六七	五十三三	八十六一	二百八十六
大雪	一丈二尺四寸三分	四十五六	五十四四	八十四	二百八十二六

求昏明中星：

各以度數如夜半日所在，[1]則中星度。

[1]各以度數如夜半日所在：據中華修訂本校勘記，“如”字，金陵書局本《宋書·律曆志》作“加”，是。

推五星術：

木率：千五百七十五萬三千八十二。

火率：三千八十萬四千一百九十六。

土率：千四百九十三萬三百五十四。

金率：二千三百六萬一十四。

水率：四百五十七萬六千二百四。

推五星術：

置度實各以率去之，餘以減率，其餘，如紀法而一，爲入歲日，不盡爲日餘，命以天正朔，筭外，星合日。

求星合度：

以入歲日及餘從天正朔日積度及餘，滿紀法從度，滿三百六十餘度分則去之，命以虛一，筭外，星合所在度也。

求星見日：

以術伏日及餘加星合日及餘，餘滿紀法從日，命如前，見日也。

求星見度：

以術伏度及餘加星合度及餘，餘滿紀法從度，入虛去度分，命如前，星見度也。

行五星法：

以小分法除度餘，所得爲行分，不盡爲小分，及日加所行分，滿法從度，留者因前，逆則減之、伏不盡度。[1]從行入虛，去行分六，小分百四十七，逆行出虛，則加之。

[1]伏不盡度：據中華修訂本校勘記，"盡"字，《後漢書‧律曆志下》及《宋書‧律曆志中》所載《景初曆》皆作"書"，《宋書校勘記長編》從之，是。

木星：

初與日合，伏，十六日，日餘萬七千八百三十二，行二度，度餘三萬七千五百四，晨見東方。從，日行四分，百一十二日行十九度十一分。留，二十八日。逆，日行三分，八十六日退十一度五分。又留二十八日。[1]從，日行四分，百一十二日，[2]夕伏西方，日度餘如初。一終三百九十八日，日餘三萬五千六百六十四，[3]行三十三度，度餘二萬五千二百一十五。

[1]又留二十八日：據中華修訂本校勘記，"二"字，原本作"一"，據《宋書‧律曆志》及嚴敦傑《祖沖之科學著作校釋》改。

[2]百一十二日：據中華修訂本校勘記，"二"字，原本作"五"，據《宋書‧律曆志》及嚴敦傑《祖沖之科學著作校釋》改。

[3]日餘三萬五千六百六十四：據中華修訂本校勘記，"三萬"，原本作"五萬"，據《宋書‧律曆志》及嚴敦傑《祖沖之科學著作校釋》改。

火星：

初與日合，伏，七十二日，[1]日餘六百八，行五十五度，度餘二萬八千八百六十五，晨見東方。從，疾，日行十七分，九十二日行六十八度。小遲，日行十四分，九十二日行五十六度。大遲，日行九分，九十二日行三十六度。留，十日。逆，日行六分，六十四日退十六度十六分。又留，十日。從，遲，日行九分，九十二日。小疾，日行十四分，九十二日。大疾，日行十七分，九十二日。夕伏西方，日度餘如初。一終七百八十日，日餘千二百一十六，行四百一十四度，度餘三萬二百五十八，除一周，定行四十九度，度餘萬九千八百九。

[1]初與日合，伏，七十二日：據中華修訂本校勘記，“七十二”，原本作“二十七”，據《宋書·律曆志》及嚴敦傑《祖沖之科學著作校釋》改。

土星：

初與日合，伏，十七日，日餘千三百七十八，行一度，度餘萬九千三百三十三，晨見東方，行順，日行二分，八十四日行七度七分。留，三十三日。行逆，日行一分，百一十日退四度十八分。又留，三十三日。從，日行二分，八十四日，夕伏西方，日度餘如初。一終三百七十八日，日餘二千七百五十六，行十二度，度餘三萬一千七百九十八。

金星：

初與日合，伏，三十九日，日餘三萬八千一百二十六，行四十九度，度餘三萬八千一百二十六，夕見西方。從，疾，日行一度五分，九十二日行百十二度。小遲，日行一度四分，九十二日行百八度。大遲，日行十七分，四十五日行三十三度六分。[1]留，九日。遲，日行十六分，[2]九日退六度六分，夕伏西方。伏五日，退五度，而與日合。又五日退五度，而晨見東方。逆，日行十六分，九日。留，九日。從日，[3]遲，日行十七分，四十五日。小疾，日行一度四分，九十二日。大疾，日行一度五分，九十二日。晨伏東方，日度餘如初。一終五百八十三日，日餘三萬六千七百六十一，行星如之。除一周，定行二百十八度，度餘二萬六千三百一十二，一合二百九十一日，[4]日餘三萬八千一百二十六，行星亦如之。

[1]四十五日行三十三度六分：據中華修訂本校勘記，"三十三"，原本作"二十三"，據《宋書·律曆志》及嚴敦傑《祖沖之科學著作校釋》改。

[2]遲，日行十六分：據中華修訂本校勘記，"遲"字，《宋書·律曆志》同。按下文既謂"退六度六分"，則當由留而退，知此字應作"逆"。

[3]從日：據中華修訂本校勘記，諸本皆同。金陵書局本《宋書·律曆志》無"日"字，是。

[4]度餘二萬六千三百一十二，一合二百九十一日：據中華修訂本校勘記，"一十二"，原本作"一十三"，"合"上"一"字原闕，據《宋書·律曆志》補。按一終一合乃曆家術語，《遼史》諸本蓋誤合"二""一"兩字爲"三"。

水星：

初與日合，伏，十四日，日餘三萬七千一百一十五，行三十度，度餘三萬七千一百一十五，夕見西方。從，疾，日行一度六分，二十三日行二十九度。遲，日行二十分，八日行六度二十二分。留，二日。遲，日行十一分，[1]二日退二十二分，[2]夕伏西方。伏八日，退八度，而與日合。又八日退八度，晨見東方。逆，日行十一分，二日。留，二日。從，遲，日行二十分，八日。疾，日行一度六分，二十三日。晨伏東方，日度餘如初。一終百一十五日，日餘三萬四千七百三十九，行星如之。一合五十七日，日餘三萬七千一百一十五，行星亦如之。

[1]遲，日行十一分：據中華修訂本校勘記，"遲"字，《宋書·律曆志》同。按下文既稱"退二十二分"，則當由留而逆，《宋書校勘記長編》及嚴敦傑《祖沖之科學著作校釋》謂"遲"當作"逆"，是。

[2]二日退二十二分：據中華修訂本校勘記，"二十二"，原本作"二十一"，據《宋書·律曆志》及嚴敦傑《祖沖之科學著作校釋》改。

上元之歲，歲在甲子，天正甲子朔夜半冬至，日月五星聚于虛度之初，陰陽遲疾並自此始。[1]

梁武帝天監三年，沖之子暅上疏，論何承天曆乖謬不可用。九年正月，詔用祖沖之所造《甲子元曆》頒朔。陳氏因梁，亦用祖沖之曆。至遼，聖宗以賈俊所進新曆，因宋《大明》舊號行之。金曰重修《大明曆》。
傳至皇元亦曰《重修大明曆》。[2]及改《授時曆》，別立
司天監存肄之，每歲甲子冬至重修其法。書在太史院，
禁莫得聞。[3]

[1]自"上元之歲"至"陰陽遲疾並自此始"：以上劉宋祖沖
之《大明曆》本文，據本志交待，取自《宋書·律曆志》。由於祖
沖之《大明曆》實際與遼代的政治歷史無關，本志的作者因錯誤理
解纔誤引於此，故本注對此不再作注。對祖沖之《大明曆》想要作
進一步了解的讀者，可見《宋書·律曆志》注。

[2]"金曰重修《大明曆》"至"亦曰《重修大明曆》"：在
作者看來，《重修大明曆》與祖沖之《大明曆》沒有什麼區別。

[3]"每歲甲子冬至重修其法"至"禁莫得聞"：作者認爲，
每逢甲子冬至，曆法都得重加修理。如何修理，作者並不明白。這
裏作者透露了一個當時不爲人們所知的消息，即使是編修官需要，
也不能隨意進入太史院查閱天文曆法禁書。這纔導致互不通氣，作
者對《大明曆》無所了解的局面。不過，這裏同時也暴露了作者自
身的缺點："禁莫得聞"，爲了辨別是非，是可以主動爭取了解的，
但作者沒有作這種努力。

（陳久金　劉鳳翥校注）

遼史　卷四三

志第十三

曆象志中

　　閏考[1]

　　[1]閏考：作者在整理遼代天文記録時發現遼代與五代和宋代
的閏月並不完全相同，故利用所見具體記録，作出閏月差異的考
證。這個内容，在二十四史天文曆律志中是絶無僅有的。作者通過
五代、宋與遼閏月的系統對比，列載了具體的差異之處。並且述説
了自己對這一差異的研究結果。不過必須説明，這種考證還衹是初
步的，有些論證也不是很嚴密，故其結論也不一定正確，還有可商
榷之處。但是，作者保存和列載了遼代二百餘年的第一手朔閏記
録，是十分可貴的。

　　月度不足，是生朔虛；[1]天行有餘，是爲氣盈。[2]盈
虛相懸，歲月乃牉。[3]積牉而差，寒暑互易，百穀不成，
庶政不明。聖人驗以斗柄，準以歲星，[4]爰立閏法，信
治百官。是故閏正而月正，月正而歲正。[5]歲月既正，

頒令考績，無有不時。國史正歲年以敘事，莫重於此。

[1]月度不足，是生朔虛：古曆設一月三十日，每月三十度，但實際每月不足三十日，每月日行也不足三十度，故有朔虛之説。

[2]天行有餘，是爲氣盈：太陽每歲行三百六十五度餘，大於十二個月度，故白天行有餘，是爲氣盈。

[3]盈虛相懸，歲月乃胖（pàn）：盈虛積累起來，造成了歲月的差異。歲月乃胖，歲月相配合。

[4]驗以斗柄，準以歲星：以斗柄指向定月，並以昏旦中星的出没加以判斷。歲星，指季節昏旦中星。

[5]閏正而月正，月正而歲正：閏月設置正確了，月序也就正確，月序正確了，節氣也就正確了。

遼始徵曆梁、唐。[1]入晉之後，奄有帝制，[2]乙未、大明，曆法再變。[3]穆宗應曆六年，[4]周用顯德《欽天曆》；[5]十年，宋用建隆《應天曆》。[6]景宗乾亨四年，[7]宋用《乾元曆》。聖宗統和十九年，[8]宋用《儀天曆》；太平元年，[9]宋用《崇天曆》。道宗清寧十年，[10]宋用《明天曆》；大康元年，[11]宋用《奉元曆》；大安七年，[12]宋用《觀天曆》。天祚皇帝乾統六年，[13]宋用《紀元曆》。五代曆三變，[14]宋凡八變，遼終始再變。曆法不齊，故定朔置閏，時有不同，覽者惑焉。作《閏考》。[15]

[1]遼始徵曆梁、唐：遼始建國，諸事草創，曆法不備，向後梁、後唐徵用學習曆法，纔開始建立起自己的曆日制度。梁：【劉注】五代時期朱温所建立的朝代名，史稱後梁，歷三帝，共存續十

七年（907—923）。唐：【劉注】五代時期李存勗所建立的朝代名，史稱後唐，歷四帝，共存續十四年（923—936）。

[2]入晉之後，奄有帝制：攻入晉都之後，纔開始建立起一套帝皇統治的制度，其中也包括曆日制度在內。晉：【劉注】五代時期石敬瑭所建立的朝代名，史稱後晉。歷二帝，共存續十一年（936—946）。

[3]乙未、大明，曆法再變：遼先用乙未曆，然後再用大明曆，故曰曆法再變。此和下文所述"遼終始再變"相對應。

[4]穆宗：【劉注】遼代皇帝耶律述律的廟號。 應曆：【劉注】遼穆宗的年號（951—969）。

[5]周：【劉注】五代時期郭威所建立的朝代名，史稱後周。歷三帝，共存續十年（951—960）。

[6]宋：【劉注】趙匡胤所建立的朝代名，分北宋和南宋兩個時期，歷十八帝，共存續三百二十年（960—1279）。

[7]景宗：【劉注】遼代皇帝耶律賢的廟號。 乾亨：遼景宗的年號（979—983）。

[8]聖宗：【劉注】遼代皇帝耶律隆緒的廟號。 統和：遼聖宗的年號（983—1012）。

[9]太平：【劉注】遼聖宗的年號（1021—1031）。

[10]道宗：【劉注】遼代皇帝耶律弘基的廟號。 清寧：遼道宗的年號（1055—1064）。

[11]大康：【劉注】遼道宗的年號（1075—1084）。

[12]大安：【劉注】遼道宗的年號（1085—1094）。

[13]天祚皇帝：【劉注】遼代皇帝耶律延禧的尊號。 乾統：遼天祚皇帝的年號（1101—1110）。

[14]五代：【劉注】中國歷史上梁、唐、晉、漢、周五個短命的王朝，五個王朝總共存續了54年。

[15]曆法不齊，故定朔置閏，時有不同，覽者惑焉，作《閏考》：五代、宋與遼的朔閏時有不同，致使覽者產生疑惑，這是作

者作《閏考》的目的所在。以下爲作者編撰的《閏考表》。

年[1]	正	二	三	四	五	六	七	八	九	十	十一	十二
太祖神册五年 首缺五閏。[2]						閏[3] 耶律儼 陳大任						
天贊二年[4]			梁閏									
太宗缺一閏。天顯三年								閏儼				
六年				閏儼唐								
九年	閏儼大任唐											
十一年											閏儼大任唐	

　　[1]閏考表豎行以帝皇紀年爲序，每逢閏之年則載，平年不載。橫行以十二月排列，閏月紀在相應的月序内。

　　[2]首缺五閏：自遼太祖元年（907）建國以來，至神册五年（920）計十四年。通常爲十四年五閏。在此之前十四年中無閏月記錄，故有此説。據中華點校本校勘記，“檢汪曰楨《歷代長術輯

要》（以下稱《輯要》）、陳垣《二十史朔閏表》（以下稱《陳表》），自太祖元年至神册四年，實缺四閏，即太祖三年閏八月，六年閏五月，九年閏二月，神册二年閏十月。按《閏考》登錄遼及五代、宋之閏，頗多缺誤。因下卷《朔考》兼載閏、朔，兹於下卷詳校其訛脱，本卷僅舉例説明，以省煩文。"

[3]此表所引閏月記錄共來自四處，其一是耶律儼，其二是陳大任，其三是五代和宋官方的文獻檔案，其四是高麗《大遼古今錄》。

[4]天贊二年：據中華點校本校勘記，"二"字原闕。檢《舊五代史》之《梁末帝紀》《唐莊宗紀》及《輯要》《陳表》，梁龍德三年（唐同光元年，923）閏四月。是年當遼天贊二年，據補。又天贊四年閏十二月，通欄缺。下欄天顯三年"缺一閏"，即應指四年十二月之閏，凡此皆仍存原式不補。

會同二年[1]				閏 儼 大任 晉					
缺一閏。 七年									閏 儼 大任
大同元年[2]				閏 儼 大任 高麗 十年 七月					

[1]會同二年：據中華點校本校勘記，"檢《太祖紀》及《輯要》《陳表》，是年閏七月，此作閏五月誤。《朔考》不誤"。

　　[2]大同元年：據中華點校本校勘記，"元"字，原誤"九"。"按《紀》，大同元年世宗改元天禄，無九年。又據《輯要》《陳表》，大同元年閏七月。據改。又原注'高麗十年七月'，疑當爲'高麗來年七月'，謂高麗於次年閏七月也"。

穆宗缺再閏。應曆三年								
五年						閏儼大任		
八年				閏儼大任				
十一年	閏儼大任宋							
十三年								宋閏
十六年					閏儼大任宋			
十九年			宋閏					

年							
景宗保寧四年	閏儀大任宋						
六年[1]						宋閏	
九年				宋閏			
乾亨二年		閏儀大任宋					
四年							宋閏

　　[1]（保寧）六年：【劉注】《石重貴墓誌銘》載："以其年（保寧六年）閏十月。"此年遼、宋同閏十月。

年							
聖宗統和三年[1]				宋閏			
六年			閏儀大任				
九年	閏儀大任宋高麗[2]						

十一年[3]							宋閏高麗		
十四年				閏大任宋					
十七年	宋閏								
十九年								閏儼大任	宋閏異
二十二年						閏大任宋			
二十五年		宋閏							
二十八年	宋閏								

　　[1]此據中華點校本校勘記，檢《輯要》《陳表》，統和三年（985）遼閏八月，與宋閏九月異，此失書遼閏。

　　[2]此據中華點校本校勘記，"高麗"二字原誤入下欄統和十一年（993）二月内，原本"高麗"二字下有云："誤，當在九年。"今依注移此，省注文。

　　[3]（統和）十一年：【劉注】《蕭貴妃墓誌銘》載："以其年（統和十一）閏十月。"

開泰元年							宋閏	

年							
四年					宋閏		
七年[1]				宋閏			
九年[2]	閏儼						宋閏異
太平三年[3]						閏儼宋	
六年				宋閏			
九年	宋閏						
十一年							閏儼大任宋高麗

[1]（開泰）七年：【劉注】《陳國公主墓誌銘》載："以當年（開泰七年）閏四月。"此年遼、宋同閏四月。

[2]（開泰）九年：中華點校本校勘記云："據推算，是年遼、宋同閏十二月，此由七月庚戌下小注亦可證明。今誤以遼閏二月，與宋閏十二月異，故以宋之三月當遼之閏二月，宋之四月，當遼之三月，如此類推。今按'原閏二月壬子'，當改'閏十二月丁未'，三月、四月、十二月下之注文均當刪去。"校勘記的意見是正確的，《曆象志》的作者僅以耶律儼開泰九年（1020）閏二月的記載，於《朔考》三月、四月、十二月相應處加注文，説明宋、遼是年閏月

有異是草率的。主要證據是該年七月儼、大任、宋均載庚戌朔，可見原本耶律儼所引"二月閏"前漏一"十"字。

　　[3]太平三年：【劉注】漢字《耶律智先墓誌銘》載："太平三癸亥年閏九月。"此年遼、宋同閏九月。

興宗重熙三年					宋閏							
六年			閏儼宋									
八年												閏儼宋高麗
十一年								閏儼宋				
十四年[1]				閏儼宋								
十七年	閏儼宋高麗											
十九年											閏儼宋高麗	
二十二年						閏儼宋						

［1］（重熙）十四年：【劉注】《蕭和妻秦國太妃耶律氏墓誌銘》載："乙酉岁（重熙十四）閏五月。"

道宗清寧二年[1]		閏儗宋						
四年								閏儗宋
七年					宋閏			
十年			宋閏					
咸雍三年		宋閏						
五年							閏大任宋	
八年[2]				閏儗宋				
大康元年		閏儗大任宋						
三年 宋閏來年正月，異。								閏儗

六年[3]							宋閏	
九年				閏儼大任宋				
十年[4]					遼閏			

[1]道宗清寧二年：原本無“道宗”二字，今據上下文意補。

[2]（清寧）八年：【劉注】《耶律宗愿墓誌銘》載：“咸雍八年閏七月。”此年遼、宋同閏七月。

[3]（清寧）六年：【劉注】契丹大字《多羅里本郎君墓誌碑》第13行載：“大康六年閏八月。”此年宋閏九月。遼、宋異。

[4]（清寧）十年：【劉校】此年原闕，據《清河公女墳記》補。是年遼閏八月。

大安四年[1]								閏儼大任宋高麗
七年[2]						宋閏		
十年[3]			閏大任宋					
壽昌三年	宋閏							

五年							閏儼大任宋		

[1]大安四年：據中華點校本校勘記，按大安二年（1086）閏二月，此通欄缺，四年欄内亦漏注"缺一閏"。

[2]（大安）七年：【劉注】《法均大師遺行碑銘》載："大安七年歲次辛未閏八月戊戌朔。"此年遼、宋同閏八月。

[3]（大安）十年：【劉注】《大憫忠寺觀音菩薩地宮舍利石函記》"大安十年歲次甲戌閏四月辛未朔二十二日壬辰甲時。"宋閏八月，遼、宋異。

天祚乾統二年				閏儼大任宋				
五年	宋閏							
七年							宋閏	
十年[1]					閏儼大任	宋閏異[2]		
天慶三年			閏儼大任宋					

六年[3]	閏儼大任宋								
八年							閏儼大任宋		
保大元年				宋閏					
四年		閏儼大任宋							

[1]（乾統）十年：【劉注】契丹小字《義和仁壽皇太叔祖哀冊》第四行載“乾統十年歲次庚寅，閏八月丁酉朔”，原表作閏七月，誤。此年遼、宋同閏八月。

[2]經統計，遼國二百一十九年歷史中，與五代宋之閏月，僅有兩處祇有一月之差，其餘全同。這兩處爲：遼聖宗統和十九年（1001）閏十一月，宋在十二月；遼天祚乾統十年（1110）閏七月，宋在八月。其不同的原因是在推算還是政治尚不清楚，故從對比的結果可以看出，遼與五代和宋閏月的差異是很小的。

[3]（天慶）六年：【劉注】《張世卿墓誌銘》載：“天慶六年丙申歲閏正月。”此年遼、宋同閏正月。

（陳久金　劉鳳翥校注）

遼史　卷四四

志第十四

曆象志下

朔考[1]

　　[1]《曆象志》作者發現遼的朔日干支與宋曆往往不同，故作《朔考》以示區別。

　　古者太史掌正歲年以敘事，國史以事繫日，以日、月、時繫年。時月不正，則敘事不一。故二史合爲一官，[1]頒曆授時，必大一統。

　　遼、漢、周、宋，俱行夏時，[2]各自爲曆。國史閏朔，頗有異同。遼初用《乙未元曆》，[3]本何承天《元嘉曆》法；[4]後用《大明曆》，[5]本祖沖之《甲子元曆》法。[6]承天日食晦朏，[7]一章必七閏；[8]沖之日必食朔，[9]或四年一閏。[10]用《乙未曆》，漢、周多同；[11]用《大明曆》，則間與宋異。[12]國史敘事，甲子不殊，[13]閏朔多異，以此故也。[14] 耶律儼《紀》以《大明》法追正《乙未》月朔，[15] 又與陳大任《紀》時或牴牾。[16] 稽古君子，往往惑之。

用《五代》《職方考》志契丹州軍例，作朔考。法殊曰"異"；傳訛曰"誤"；《遼史》不書國，儼、大任偏見並見各名；他史以國冠朔。並見注于後。[17]

[1] 二史合爲一官：太史執掌正歲，即制訂頒布曆法，史官記載國家史事，稱爲二史。後代又將二官合爲一官。

[2] 遼、漢、周、宋，俱行夏時：唐以後除武周用周正外，均用夏時，此處不說後梁後唐，是由於其沿用唐代曆法。【劉注】遼，太祖耶律阿保機建立的朝代名，歷九帝，"享國二百一十九載"（907—1125）。漢，五代時期劉知遠建立的朝代名，史稱後漢，歷二帝，共存續四年（947—950）。周，五代時期郭威所建立的朝代名，史稱後周，歷三帝，共存續十年（951—960）。宋，趙匡胤所建立的朝代名，分北宋和南宋兩個時期，歷十八帝，共存續三百二十年（960—1279）。

[3] 遼初用《乙未元曆》：遼用《乙未曆》，可分爲兩個階段，第一階段爲大同元年（947）遼入汴京得晉《乙未曆》及其曆官，回京後便參考行用。第二階段爲穆宗應曆十一年（961），王白、李正正式上書，提出頒行《乙未元曆》，一直行用至聖宗統和十二年（994）頒行賈俊《大明曆》爲止。在入汴京以前，遼初建國，暫時征用後梁、後唐曆日。《乙未元曆》，即後晉司天監馬重績《調元曆》。

[4] 本何承天《元嘉曆》法：《乙未元曆》的本源是何承天的《元嘉曆》。這是作者的臆度，而未經證實。【劉注】據中華修訂本校勘記，遼初用《乙未元曆》，本何承天《元嘉曆》法：本書卷四二《曆象志上》云："晉天福四年，司天監馬重績奏上《乙未元

曆》，號《調元曆》，太宗所收于汴是也。穆宗應曆十一年，司天
王白、李正等進曆，蓋《乙未元曆》也。"知遼初所行《乙未元
曆》乃後晉馬重績《調元曆》，似與劉宋何承天《元嘉曆》無涉。

[5]後用《大明曆》：指遼聖宗統和十一年（993）頒行賈俊的
《大明曆》，這種《大明曆》，一直使用到遼代滅亡（1125）。

[6]本祖沖之《甲子元曆》法：也是作者臆度，未經證實。

[7]承天日食晦朏（fěi）：何承天的《元嘉曆》推算的日食，
很多都發生在晦日和朏日。晦日，每月的最後一天；朏日，初見新
月之日。這是何承天《元嘉曆》用平朔注曆的結果。

[8]一章必七閏：《元嘉曆》仍沿用古老的十九年七閏法，故
曰"一章必七閏"。

[9]日必食朔：諸本均作"日必食朔"，惟中華點校本認爲據
文義曆理當改爲"日食必朔"。本注認爲二者文義無差別，不宜隨
意改動原文，故恢復原狀。

[10]或四年一閏：作者認爲祖沖之的《大明曆》有四年閏一
次，但這種説法是錯誤的，祖法無四年一閏之推算方法，其行用期
間也無四年一閏的實例。

[11]用《乙未曆》，漢、周多同：遼使用《乙未曆》時，由於
後漢、後周也用《乙未曆》，故曰"多同"。但自後周世宗顯德四
年（957）頒行王樸《欽天曆》後，二國曆法就不同了。不過改曆
之後僅三年，後周也就亡國了。這裏説法籠統，沒有加以區別。

[12]用《大明曆》，則間與宋異：由於遼與宋所用曆法不同，
故推朔間與宋異。

[13]國史敘事，甲子不殊：《遼史》記述國史，所用干支紀年、
紀日的順序與宋無有不同。

[14]閏朔多異，以此故也：正是由於二國曆法不同，故有閏朔
多異。

[15]耶律儼：在《閏考》和《朔考》表中，多引用儼、大任
的《紀》。儼即耶律儼，大任即陳大任。耶律儼《遼史》有傳，但

未載有關著作之事。

　　[16]陳大任：《閏考》《朔考》中多有引用其《紀》的閏、朔記録。但《遼史》無傳，事蹟不明。

　　[17]後：【劉校】原本作"后"，據繁體字規範改。

年[1]	孟月朔	仲月朔	季月朔
太祖元年			
	丁未耶律儼。	梁丁丑[2]	
二年			梁壬申
	乙亥儼[3]		
三年[4]		丁酉	
四年	梁壬辰		
	戊子儼		
五年	戊戌儼[5]		

		梁甲申	
	壬午儼		梁辛巳
六年[6]	丙戌[7]儼		
七年	甲辰儼	甲戌儼	甲辰儼
	癸酉儼	壬寅儼	壬申儼 梁庚寅，誤。
	辛丑儼	庚午儼	庚子梁
	己巳儼		戊辰儼
八年	戊戌儼		
	丁卯儼		
	丙申儼		
	甲子儼		
九年[8]	壬辰儼		
			庚寅儼
	庚申儼		
	戊子儼		

[1]以下是《遼史·曆象志》中的朔考表，其豎排是遼皇帝紀年，起自遼太祖建國元年（907），終於遼天祚帝保大五年（1125），逐年記載朔閏。其橫排載春夏秋冬四季，每季又分孟、

仲、季各三個月，計十二個月的朔日干支。並載明朔日干支的來
源：儼《紀》、大任《紀》、五代史、宋史或高麗史。逢閏之年，
將閏月月序朔日干支，載在年名欄内，並注明出自何國何人的記
録。這種記録和表述方式很客觀，也很清楚。便於後人加以各種研
究和應用。

[2]太祖元年欄内，四月丁未，五月丁丑，原本誤書，於前行
正月及二月點校本校勘記予以訂正是必要的。從朔考表即可看出，
四月丁未朔是源於耶律儼《紀》的資料，記載的是遼國曆法的四月
朔日干支，而五月丁丑朔，源於後梁五月的曆日記録，在朔考表中
若不加分析，是不容易區分的。而在改編的對照表中，則分載於遼
太祖元年和後梁太祖開平元年（907）兩欄之中，兩國曆法涇渭分
明，各不相涉，一目了然。

[3]（太祖）二年：【劉注】據陳述《遼史朔閏正誤》（劉鳳
翥、華祖根、盧勳主編《中國民族史研究》第四輯，以下簡稱
《朔閏正誤》），正月癸酉表失書。三月梁壬申，遼應是與梁同。
據中華點校本校勘記，十月乙亥，據《紀》及《輯要》《陳表》，
當作己亥。

[4]諸本均無三年之欄，當爲漏刻。理當補上。然既已漏刻，
便不知漏刻朔日干支。中華點校本校勘記從《遼史·太祖本紀》中
找到二月丁酉朔的記事，即已補上。但這種補充是有問題的，是不
倫不類的。《遼史》或其他史書中肯定還有朔考中未載的朔日記録，
若要補時，將補不勝補。再説，這條記録不屬儼、大任，也不屬
梁，更未載《遼史》，在體例上也不合。

[5]戊戌：據中華點校本校勘記，"戊戌"爲"丙戌"，傳寫
之誤。

[6]（太祖）六年：【劉注】是年閏五月戊申朔，遼、梁同，
此失書。

[7]丙戌：據中華點校本校勘記，"丙戌"當"庚辰"之誤。

[8]（太祖）九年：點校本校勘記云，諸本原有七至十一年五

欄，但太祖十年已改爲神册元年，今删原七、八年，將九、十、十一改爲七、八、九。又七年六月壬申朔原注曰"梁庚寅誤"，實爲後梁貞明元年（915）六月朔日干支誤入。又九年閏二月壬辰朔，遼與後梁同，此處失載。

神册元年[1]	丙辰儀	戊戌儀	乙卯儀
	乙酉儀		甲申儀
	甲寅儀	癸未儀	
	癸未儀	壬子儀	壬戌儀
二年[2]	辛亥儀	庚辰儀	庚戌儀
	己卯儀		戊寅儀
	戊申儀	戊寅儀	
	丁丑儀		
三年	乙亥儀	甲辰儀	甲戌
	癸卯儀	癸酉儀	
	壬申儀		
	辛丑儀		庚子
四年	庚午儀	己亥儀	
	戊戌儀	丁卯儀	
	丙寅儀	乙未儀	
	乙未儀		
五年[3] 閏六月庚申儀 大任	甲子儀		癸亥儀誤，當作癸巳。梁
	癸巳儀	壬戌儀誤，當作壬辰。	辛亥儀誤，當作辛酉。

	庚寅儼	己未 儼梁乙未，誤。	己丑儼大任
	己未儼	戊午儼誤，當作戊子。	
六年[4]	戊子儼	戊午儼	丁亥儼誤，當作丁巳。
	丁卯儼誤，當作丁亥。	丙戌儼誤，當作丙辰。大任	己卯儼 大任
	甲申儼		
	癸丑儼 大任	壬午儼	

[1]神册元年：據中華點校本校勘記，二月“戊戌”當作“丙戌”，十二月“壬戌”當作“壬午”。

[2]（神册）二年：據中華點校本校勘記，是年閏十月丁未朔，遼、梁同，此失書。

[3]（神册）五年：此年作者對朔日干支的糾正皆誤，皆因作者對朔日支持的運算不明所致。據中華點校本校勘記，“貞明五年八月己未朔，是年當遼之神册四年。此蓋誤當五年”。因此年爲神册五年，文不對題。《歷代長術輯要》（以下稱《輯要》）庚辰梁六曰：“正甲子、三癸亥五壬戌、六辛卯、閏六庚申、八己未、十一戊子朔。按遼《朔考》云：三癸亥當作癸巳，五壬戌當作壬辰，皆以不誤爲誤。又云六月辛亥當作辛酉亦不合。”這就是説遼朔的三月、五月、六月、八月均以不誤爲誤，僅十一月戊午改爲戊子爲是。

[4]（神册）六年：此年錯誤干支較多。《輯要》曰：“正戊子、三丁亥、五丙戌、六乙卯、七甲申、九癸未、十一壬午朔。按

遼《朔考》云：三丁亥當作丁巳，五丙戌當作丙辰，皆以不誤爲誤。又云四丁卯儼誤作丁亥，又云耶律儼陳大任六己卯亦並不合。"

天贊元年			
二年[1]			
	辛未儼 大任 梁		庚午儼 唐
三年[2]		唐己巳	
			丙申儼
	丙寅儼	乙未儼	
四年[3]			
	唐癸亥		

[1]（天贊）二年：【劉注】據陳述《遼史朔閏正誤》，閏四月乙亥朔，遼、梁同。此失書。

[2]（天贊）三年：【劉注】據陳述《遼史朔閏正誤》："九月丙申朔。《紀》同。唐同光二年（924）九月丁酉。《輯要》《陳表》

作丁酉。十月丙寅，十一月乙未。《紀》《輯要》《陳表》並同。"

　　［3］（天贊）四年：【劉注】據陳述《遼史朔閏正誤》，閏十二月己丑朔，遼、唐同。此失書。

天顯元年			
	丁亥儼　大任		
		唐乙酉	
二年	唐癸丑	唐壬午	唐壬子
		己卯儼　唐	
三年閏八月癸卯儼[1]	戊申儼	丁丑儼　唐	丁未儼　唐
	丙子儼	乙巳儼	甲戌儼
	甲辰儼	癸酉儼	癸酉儼
	壬寅儼　大任 癸卯，異。	壬申儼	壬寅儼
四年[2]	壬申儼　大任	辛丑儼	辛未儼
	庚子儼	己巳儼　唐	戊戌儼
	戊辰儼	丁丑儼	丁卯儼　大任
	丙申儼	丙寅儼	丙申儼
五年	丙寅儼	乙未儼	乙丑儼
	甲午儼	甲子儼	癸巳儼　唐

	壬戌儀	壬辰儀	辛酉儀
	辛卯儀	庚申儀　唐	庚寅儀
六年閏五月戊子儀　唐	庚申儀	己丑儀	己未儀
	己丑儀	戊午儀	丁巳儀
	丙戌儀	丙辰儀	乙酉儀
	乙卯儀	甲申儀　唐	甲寅儀　唐
七年	癸未儀	癸丑儀	癸未儀
	癸丑儀	壬午儀　大任	壬子儀
	辛巳儀　大任	庚戌儀	庚辰儀
	己酉儀	己卯儀	戊申儀
八年	戊寅儀	丁未儀	丁丑儀
	丁未儀	丙子儀	丙午儀
	乙亥儀		
	甲辰儀	癸酉儀	癸卯儀　大任己巳，異。[3]
九年閏正月壬寅唐	壬申儀唐	辛未儀	辛丑儀
	庚午儀	庚子儀	庚午儀
	己亥儀	己巳儀	戊戌儀
	戊辰儀	丁酉儀	丁卯儀
十年	丙申儀	丙寅儀	乙未儀
	乙丑儀	甲午儀　大任	甲子儀
	癸巳儀		癸巳儀

	壬戌儼	壬辰儼	壬戌儼
十一年[4]閏十一月丙辰儼 唐 大任	辛卯儼	庚申儼	庚寅儼 大任
	己未儼	己丑儼	
	丁亥儼	丁巳儼	丁亥儼
	丙辰儼	丙戌儼	乙酉儼
十二年	甲寅儼 大任乙卯。晉二日乙卯，同。[5]	甲申儼	甲寅儼
	癸未儼	壬子儼	壬午儼
	辛亥儼	辛巳儼	庚戌儼
	庚辰儼	庚戌儼	己卯儼

[1]（天顯）三年：【劉注】閏八月癸卯，據陳述《遼史朔閏正誤》，閏八月癸卯朔。遼、後唐同。十月壬寅注："大任癸卯，異。"按《紀》作十月癸卯朔。

[2]（天顯）四年：【劉注】據陳述《遼史朔閏正誤》，八月丁丑當作"丁酉"。

[3]儼癸卯與汪曰楨推合。大任己巳誤，中華點校本校勘記認爲乙巳亦誤。

[4]（天顯）十一年：【劉注】據陳述《遼史朔閏正誤》，六月戊午，《紀》同，此失書。

[5]對於儼正月甲寅朔，與大任正月乙卯朔不同的記載，《輯要》説："按正月本當進爲乙卯朔，十二月本當進爲庚辰朔，當時避比年正旦日食，故皆不進。《新司天考》《五代春秋》'正乙卯

朔'，遼朔考大任'正乙卯'，乃依推步本法也。"這就説明了出現差異的原因所在。

會同元年	戊申儀　大任己酉　異。晉同。[1]	戊寅儀	戊申儀
	戊寅儀　大任	丁未儀	丙子儀　大任
	丙午儀	乙亥儀	乙巳儀
	甲戌儀	甲辰儀	甲戌儀
二年閏七月儀　大任晉。[2]	癸卯儀	癸酉儀	癸卯儀
	壬申儀　晉	壬寅儀	辛未儀
	庚子儀	己亥儀	己巳儀
	戊戌儀	戊辰儀	丁酉儀
三年	丁卯儀	丁酉儀	丁卯儀
	丙申儀	丙寅儀	乙未儀
	甲子儀	甲午儀	癸亥儀
	癸巳儀	壬戌儀	壬辰儀
四年[3]	辛酉儀	辛卯儀	辛酉儀
	庚寅儀	庚申儀	庚寅儀
	己未儀	戊子儀	戊午儀
	丁亥儀	丁巳儀	丙戌儀
五年[4]閏三月甲申	丙辰儀	乙酉儀	乙卯儀

	甲寅儼 大任 晉	甲申儼	癸丑儼 大任
	癸未儼	壬子儼	壬午儼
	辛亥儼	辛巳儼	庚戌儼
六年[5]	庚辰儼	己酉儼	己卯儼 大任
	戊申儼	戊寅儼	丁未儼
	丁丑儼	丁未儼晉[6]	丙子儼
	丙午儼	乙亥儼	乙巳儼
七年閏十二月己巳 儼 晉 大任	甲戌儼	甲辰儼 大任	癸酉儼 大任
	癸卯儼	壬申儼	辛丑儼
	辛未儼	辛丑儼	庚午儼 晉
	庚子儼	庚午儼	己卯儼 誤，當作己亥。[7]
八年	戊戌儼	戊辰儼	丁酉儼
	丙寅儼	丙申儼	乙丑儼
	乙未儼	甲子儼 晉	甲午儼
	甲子儼	甲午儼	癸亥儼
九年	癸巳儼	壬戌儼 晉	壬辰儼
	辛酉儼 大任	庚寅儼	庚申儼
	己丑儼	己未儼	戊子儼
	戊午儼	戊子儼 大任	丁巳儼

[1]戊申，儼、大任己酉異，晉同：儼紀爲正月戊申朔，大任和晉，均爲己酉朔。《輯要》説："按正月本己酉朔；二月本當進爲己卯朔，當時避正旦日食，強改正月爲戊申朔，故二月亦當進不進。""《十國春秋》南唐、南漢並正月己酉朔日食，遼朔考大任正己酉，皆依推步本法。"

[2]（會同）二年：即晉天福四年（939），晉用《乙未調元曆》。儼、大任、晉並載閏七月合。《閏考》閏五月誤。據中華點校本校勘記，是年閏七月庚午朔，遼、晉同，此脱"庚午"二字。

[3]（會同）四年：【劉注】《耶律羽之墓誌銘》載："會同四年歲次辛丑八月十一日戊戌，朔日應爲戊子。"

[4]（會同）五年：【劉注】《耶律羽之墓誌銘》載："以壬寅年（會同五年）三月六日庚申。朔日應爲乙卯。"

[5]（會同）六年：【劉校】據中華修訂本校勘記，"六年"二字原闕，據明抄本、南監本、北監本、殿本補。

[6]晉：原本作"陳"，據上下文意改。

[7]己卯：（會同）七年既有十一月庚午，又有閏十二月己巳，則十二月己卯一定是己亥之誤。

大同元年九月改天禄元年[1]	丁亥 儼 大任	丁巳 儼 大任	丙戌 儼 大任
	丙辰 儼 大任		甲寅 儼 大任
		壬午 儼 大任	壬子 儼 大任
世宗天禄二年			
	庚辰 儼 大任		漢戊寅

	漢戊申		
三年[2]	漢乙巳		
			漢癸酉
			辛丑儼　大任
四年[3]			戊戌儼　大任
			乙丑儼　大任
		漢甲子	
五年九月改元應曆	癸亥儼　大任		
		壬戌儼　大任	辛卯儼　大任
	辛酉儼　大任	丙辰儼　誤,當作庚寅	庚申儼　大任
穆宗應曆二年[4]	戊午儼　大任		周丁巳
	丙戌儼　大任	丙辰儼　大任	周乙酉
			甲寅儼　大任
	甲申儼　大任	癸丑儼　大任	癸未儼　大任

三年[5]	壬午儼 大任周	辛亥儼 大任	庚申儼 大任
四年	周丙子	丙午儼 大任	
五年閏九月儼 大任[6]	辛未儼 大任	庚子儼 大任周	
	遼己亥[7]		
		乙未儼 大任	乙丑儼 大任
六年			
			己未儼 大任
七年			
	戊午儼 大任		丙辰儼 大任

八年閏七月庚戌儼 大任			周壬午
		周辛巳	
九年			
		乙巳儼 大任 周	乙亥儼 大任
		甲戌儼 大任	
十年[8]	宋辛丑	宋辛未	宋庚子
	宋庚午	宋己亥	宋己巳
	己亥儼 宋	戊辰儼 大任 宋	宋戊戌
	宋丁亥[9]	宋丁酉	宋丙寅
十一年閏三月甲子宋 大任[10]	宋丙申	宋乙丑	宋乙未
	癸巳儼 大任 宋	宋癸亥	宋癸巳
	宋壬戌	宋壬辰	宋壬戌
	宋辛卯	宋辛酉	宋庚寅
十二年[11]	宋庚申	己丑儼 大任宋	宋戊午
	宋戊子	丁巳儼 宋戊午,異[12]	宋丁亥

	宋丙辰	宋丙戌	宋丙辰
	宋乙酉	宋乙卯	宋乙酉
十三年宋閏十二月己酉	宋甲寅	宋甲申	癸丑儼 大任 宋
	宋壬午	宋壬子	宋辛巳
	辛亥儼 大任 宋	宋庚辰	庚戌儼 大任 宋
	宋己卯	宋己酉	宋己卯
十四年[13]	戊寅儼 大任 宋	宋戊申	宋丁丑
	宋丁未	宋丙子	丙午儼 大任 宋乙巳，異。
	宋甲戌	宋甲辰	宋甲戌
	宋癸卯	宋癸酉	宋癸卯
十五年[14]	宋癸酉	壬寅儼 大任 宋	宋壬申
	宋辛丑	宋辛未	宋庚子
	宋己巳	宋戊戌	宋戊辰
	宋丁酉	宋丁卯	宋丁酉
十六年閏八月壬戌宋 大任[15]	丁卯儼 大任 宋	宋丙申	宋丙寅
	宋丙申	宋乙丑	宋甲午
	宋甲子	宋癸巳	宋壬辰
	宋辛酉	宋辛卯	宋辛酉

十七年	庚寅僆 大任 宋	宋庚申	宋庚寅
	宋己未	宋己丑	宋戊午
	宋戊子	宋丁巳	丙戌大任 宋
	宋丙辰	宋乙酉	宋乙卯
十八年[16]	乙酉僆 大任 宋	宋甲寅	甲申僆 大任 宋乙酉,異。
	癸丑大任 宋	宋癸未	宋癸丑
	宋壬午	宋壬子	宋辛巳
	辛亥僆 大任 宋庚戌,異	宋庚辰	宋己酉
十九年宋閏五月丁未	己卯僆 大任 宋	己酉僆 大任 宋戊申,異。	宋戊寅
	戊申僆 大任 宋	宋丁丑	丙子僆 大任 宋
	宋丙午	宋丙子	宋乙巳
	宋乙亥	甲辰僆 大任	宋甲戌

[1]大同元年:是年遼始克汴,始用《調元曆》推算曆日。《閏考》該閏七月,汪曰楨推合。同理汪推大同三年,應曆三年、五年有閏,故《閏考》曰"缺再閏"。中華點校本校勘記云,"是年閏七月癸丑朔,遼、晉同,此失書"。

[2](天祿)三年:據中華點校本校勘記,"六月漢癸酉,原誤書於七月,依《輯要》《陳表》移"。

[3](天祿)四年:據中華點校本校勘記,"是年閏五月丁卯朔,遼、漢同,此失書"。

[4]穆宗應曆二年：【劉注】《感化寺智辛禪師塔記》載“應曆二年歲次壬子十月甲申朔廿五日戊申”。

[5]該年爲閏正月壬午，故正月壬午當作壬子，二月辛亥合，三月庚申當作庚辰。據中華點校本校勘記，“是年閏正月壬午朔，遼、周同，此失書”。

[6]（應曆）五年：據中華點校本校勘記，是年閏九月丙申朔，遼、周同，此脫“丙申”二字。

[7]遼己亥：【劉注】《北鄭院邑人起建陀羅尼幢記》載：“維應曆五年歲次乙卯肆月己亥朔八日丙午。”四月欄原本爲空白。據此補“遼己亥”三字。

[8]（應曆）十年：【劉注·朔閏考異】十月“丁亥”當作“丁卯”。錢大昕《四史朔閏考》已指出丁亥誤。

[9]按推步，丁亥當爲丁卯之誤。

[10]（應曆）十一年：【劉注·朔閏考異】三月甲午失書，宋乙未應作注。閏三月甲子，遼、宋同。《閏考》作儼、大任、宋。

[11]（應曆）十二年：【劉注·朔閏考異】五月丁巳注：“宋戊午，異”誤。遼、宋丁巳同。

[12]丁巳儼、宋戊午，異：此年爲宋太祖建隆三年（962）。按通常説法，《應天曆》頒行於建隆四年，此建隆三年五月戊午朔，已與舊曆有一日之差。

[13]（應曆）十四年：【劉注·朔閏考異】四月宋丁未應作丙午，注“宋丁未”。七月宋甲戌應作乙亥。注“宋甲戌”。

[14]（應曆）十五年：【劉注·朔閏考異】五月宋辛未應作庚午，注：“宋辛未”。

[15]（應曆）十六年：【劉注】《李崇菀爲亡父彥超造陀羅尼經幢記》載：“應曆十六年歲次丙寅五月乙丑朔。”此月遼、宋同爲乙丑朔。

[16]（應曆）十八年：【劉注·朔閏考異】三月甲申注：“宋乙酉，異。”誤。應作遼宋甲申同。

景宗保寧二年[1]	宋癸卯	宋壬申	宋壬寅
	宋辛未	宋辛丑	宋庚午
	宋庚子	宋庚午	宋己亥
	宋己巳	宋己亥	宋己巳
三年	宋戊戌	宋丁卯	宋丙申
	宋丙寅	宋乙未	宋乙丑
	宋甲午	甲子儷 大任 宋	宋甲午
	宋癸亥	宋癸巳	癸亥儷 大任 宋
四年[2] 宋閏二月辛卯	宋壬辰	宋壬戌	庚申儷 大任 宋
	庚寅儷 大任 宋	宋己未	宋戊子
	宋戊午	宋戊子	宋丁巳
	丁亥儷 大任 宋	宋丁巳	宋丙戌
五年[3]	宋丙辰	宋丙戌	乙卯儷 大任 宋
	宋甲申	宋癸丑	宋癸未
	宋壬子	宋壬午	宋壬子
	宋辛巳	辛亥儷大任 宋	宋辛巳
六年[4] 宋閏十月己巳	宋庚戌	宋庚辰	宋庚戌

	宋己卯	宋戊申	宋戊寅
	丁未儀 大任宋	宋丙子	宋丙午
	乙亥儀 大任宋	宋乙亥	宋甲辰
七年	甲戌儀 大任宋	宋甲辰	宋癸酉
	宋癸卯	宋壬申	宋壬寅
	宋辛未	宋庚子	宋庚午
	宋己亥	宋己巳	宋己亥
八年[5]	宋戊辰	宋戊戌	宋戊辰
	宋丁卯	宋丁酉	宋丙申
	宋乙未	宋乙丑	甲子儀 大任宋
	宋癸亥	宋癸巳	宋癸亥
九年宋閏七月庚寅	宋壬戌	宋壬辰	宋壬戌
	宋辛卯	宋辛酉	宋辛卯
	庚申儀 宋	宋己未	宋己丑
	宋戊午	丁亥儀 大任宋	宋丁巳
十年	宋丙戌	宋丙辰	宋乙酉
	宋乙卯	宋乙酉	宋甲寅
	宋甲申	癸丑儀 大任宋	宋癸未

	癸丑儼 大任 宋	宋癸未	宋壬子

[1]保寧二年：【劉注‧朔閏考異】十二月宋己巳，誤。應作戊辰。《長編》十二月二十四日辛卯。《十國春秋》十二月七日乙亥，與此己巳同誤。《耿崇美墓誌銘》和《劉承嗣墓誌銘》"保寧二年歲次庚午十月己巳朔"。十月遼、宋同爲己巳朔。

［2］（保寧）四年：【劉注‧朔閏考異】閏二月辛卯，遼、宋同。《閏考》有儼、大任。

［3］（保寧）五年：【劉注‧朔閏考異】四月宋甲申，誤，應作乙酉，注："宋甲申。"五月宋癸丑，誤，遼、宋同是甲寅朔。九月宋壬子，誤，遼、宋同是辛亥朔。

［4］（保寧）六年：【劉校】據中華點校本校勘記，是年閏十月乙巳朔，遼、宋同，原本作"己巳"誤。《石重貴墓誌銘》載"以其年（保寧六年）閏十月"。

［5］（保寧）八年：【劉注‧朔閏考異】四、五兩月干支當互易，即四月丁酉朔，五月丁卯朔。七丙寅誤乙未。八月乙未誤乙丑。十月宋癸亥，誤，應作甲午。十一月、十二月亦當互易，即十一月癸亥，十二月癸巳。《王守謙墓誌》載"丙子歲（保寧八年）孟冬月二十七日庚申。十月朔日應爲甲午"。

乾亨元年[1]	宋辛巳	宋辛亥	宋庚辰
	宋己酉	己卯儼 大任 宋	宋己酉
	宋戊寅	宋戊申	宋丁丑
	宋丁未	宋丁丑	宋丙午

二年[2] 宋閏三月甲辰	丙子儼 大任 宋	宋乙巳	宋甲戌
	宋甲戌	宋癸卯	宋癸酉
	宋癸卯	宋壬申	宋壬寅
	辛未儼 大任 宋	庚子儼 大任 宋	庚午儼 大任 宋
三年[3]	宋庚子	宋己巳	
	宋戊辰	宋丁酉	
	宋丙申	宋乙丑	宋乙未
	宋乙丑	宋乙未	宋甲子
四年宋閏十二月戊子	宋甲午		
	宋壬戌		
		宋庚申	宋己丑
	己未儼 大任 宋	宋己丑	戊午儼 大任 宋
五年是歲改統和元年[4]	戊午儼 宋	戊子儼 宋 大任丁亥，異。	宋丁巳
	丙戌儼 大任 宋	丙辰儼 宋	乙酉儼 大任 宋
	甲寅儼 宋 大任乙卯，異。[5]	甲申儼 大任	癸丑儼 大任 宋
	癸未儼 大任	壬子儼 宋 大任	壬午儼 大任 宋

聖宗統和二年[6]	壬子儼宋	壬午儼	辛亥儼 宋 大任庚戌，異。
	辛巳儼	庚戌儼	庚辰儼 宋 大任己卯，異。
	己酉儼	戊寅儼	戊申儼 大任宋
	丁丑儼 宋戊寅，異。	丁未 儼 宋	
三年[7]宋閏九月壬申	丙午儼 宋 大任甲戌，異。	丙子儼 宋乙亥，異。	乙巳儼 宋
	乙亥儼 宋 大任甲戌，異。	乙巳儼 宋甲辰，異。	甲戌儼 宋 大任癸酉，異。
	甲辰儼 宋	癸酉儼 大任宋	壬寅
	辛丑	辛未	庚子儼 宋
四年[8]	庚午儼 宋	己亥儼 宋庚子，異。	己巳儼 大任宋
	己亥宋 大任	戊辰儼 宋	戊戌儼 宋
	宋戊辰	丁酉儼 宋 大任丙申，異。	丙寅儼 宋
	丙申儼 大任宋	乙丑儼 宋 大任丙寅，異。	丁酉儼誤，宋乙未，異。
五年[9]	甲子儼 宋	甲午儼 宋	癸亥儼 大任宋

	癸巳儞 大任 宋	壬戌儞 宋癸亥，異。	壬辰儞 宋
	壬戌	宋辛卯	宋辛酉
	宋庚寅	宋庚申	宋庚寅
六年[10]閏五月丙戌宋 大任	己未儞 宋	戊子儞 宋己丑，異。	戊午儞 宋
	丁亥	丁巳儞 宋丙辰，異。	丙辰儞 宋
	乙酉	乙卯	乙酉儞 宋
	宋甲寅	甲申儞 宋	甲寅儞 宋
七年	癸未儞 大任 宋	壬子儞 宋	壬午儞 大任 宋
	辛亥儞 宋	庚辰大任 宋	庚戌
	宋己卯	宋己酉	宋己卯
	宋己酉	宋戊寅	宋戊申
八年	宋戊寅	丁未儞 宋	宋丙子
	丙午儞 宋	宋乙亥	宋甲辰
	宋甲戌	宋癸卯	宋癸酉
	宋癸卯	宋壬申	宋壬寅
九年[11]閏二月辛未儞 宋	宋壬申	宋辛丑	庚子儞 宋
	宋庚午	宋己亥	宋己巳
	宋戊戌	宋丁卯	宋丁酉

	宋丙寅	宋丙申	宋丙寅
十年[12]	宋丙申	乙丑儼 宋	宋乙未
	宋甲子	甲午儼	宋癸亥
	宋壬辰	宋壬戌	宋壬辰
	庚申儼 誤，宋辛酉。	宋辛卯	宋庚申
十一年[13] 宋閏十月甲申	宋庚寅	宋己未	宋己丑
	宋己未	宋戊子	宋戊午
	宋丁亥	宋丙辰	宋丙戌
	甲申儼 誤，宋乙卯。	宋甲寅	宋甲申
十二年[14]	癸丑儼 大任，宋甲寅，異。	宋癸未	宋癸丑
	宋壬午	宋壬子	辛巳儼 宋壬午，異。
	辛亥儼 大任宋	庚辰儼 大任宋	宋庚戌
	宋己卯	戊申儼 大任宋	戊寅儼 大任宋
十三年[15]	宋戊申	丁丑儼 大任宋	宋丁未
	宋丙子	宋丙午	丙子儼 大任宋

	己巳 儗 大任 宋	宋乙亥	宋甲辰
	宋甲戌	宋癸卯 高麗	宋癸酉
十四年閏七月己巳 儗 大任 宋[16]	宋壬寅	宋壬申	宋辛丑
	宋辛未	宋辛丑	宋庚午
	宋己亥	宋己亥	宋戊辰
	宋戊戌	宋丁卯	宋丁酉
十五年	宋丙寅	丙申 儗 大任 宋	乙丑 儗 大任 宋
	乙未 儗 大任 宋	甲子 儗 大任 宋	宋癸巳
	宋癸亥	宋癸巳	宋癸亥
	壬辰 儗 大任 宋	壬戌 儗 大任 宋	宋壬辰
十六年	宋辛酉	宋庚寅	宋庚申
	宋己丑	宋戊午	戊子 儗 大任 宋
	丁巳 儗 大任 宋	丁亥 儗 大任 宋	丁巳 儗 大任 宋
	宋丙戌	宋丙辰	丙戌 儗 大任 宋
十七年[17] 宋閏三月甲申	乙卯 儗 大任 宋丙辰，異。	宋乙酉	宋甲寅

	宋癸丑	宋壬午	宋壬子
	宋辛丑[18]	宋辛亥	庚辰儼　宋大任
	宋庚戌	宋庚辰	宋庚戌
十八年[19]	宋己卯	宋己酉	宋戊寅
	宋戊申	宋丁丑	宋丙午
	宋丙子	宋乙巳	乙亥儼　大任宋
	宋甲辰	甲戌儼　大任宋	宋甲辰
十九年宋閏十二月戊辰[20]	宋甲戌	宋癸卯	宋壬申
	宋壬寅	宋壬申	宋辛丑
	庚午儼　大任宋	宋庚子	己巳儼　大任宋
	宋己亥	宋戊辰	宋戊戌
二十年	宋丁酉	宋丁卯	宋丁酉
	丙寅儼　大任宋	宋丙申	宋乙丑
	甲午儼　大任宋	甲子儼　大任宋	癸巳儼　大任宋
	癸亥儼　大任宋	宋壬辰	宋壬戌
二十一年	宋辛卯	宋辛酉	宋辛卯

	宋庚申	庚寅儼 大任 宋	宋己未
	宋己丑	宋戊午	宋戊子
	丁巳儼 大任 宋	丁亥儼 大任 宋	宋丙辰
二十二年閏九月壬子儼 宋 大任	宋丙戌	乙卯儼 大任 宋	宋乙酉
	宋甲寅	宋甲申	宋甲寅
	宋癸未	宋癸丑	宋壬午
	宋辛巳	宋辛亥	庚辰儼 大任 宋
二十三年[21]	宋庚戌	宋己卯	宋己酉
	宋戊寅	戊申儼 大任 宋	宋丁丑
	宋丁未	宋丁丑	宋丙午
	丙子儼 大任 宋	乙巳[22]	宋乙亥
二十四年	宋甲辰	宋甲戌	宋癸卯
	宋壬申	壬寅儼 大任 宋	宋辛未
	辛丑儼 大任 宋	宋辛未	宋庚子
	庚午儼 宋	宋庚子	宋己巳

二十五年[23]宋閏五月丙寅	宋己亥	宋戊辰	宋戊戌
	宋丁卯	宋丙申	宋乙未
	宋乙丑	宋甲午	宋甲子
	宋甲午	宋甲子	宋癸巳
二十六年[24]	宋癸亥	宋壬辰	宋壬戌
	辛卯儆 大任 宋	庚申儆 宋	宋庚寅
	宋己未	宋己丑	宋戊午
	戊子儆 宋	宋戊午	宋丁亥
二十七年[25]	宋丁巳	宋丁亥	宋丙辰
	丙戌儆 大任 宋	宋乙卯	宋甲申
	甲申儆誤 宋 大任 甲寅	宋癸未	宋壬子
	宋壬午	壬子儆 大任 宋	宋辛巳
二十八年[26]宋閏二月辛亥	辛亥儆 大任 宋	宋辛巳	宋庚辰
	宋庚戌	己卯儆 大任 宋乙卯，誤。	宋戊申
	宋戊寅	宋丁未	宋丙子

	丙午儼 大任宋	宋丙子	宋乙巳
二十九年	乙亥儼 大任宋	宋乙巳	宋甲戌
	宋甲辰	甲戌儼 大任宋	宋癸卯
	宋壬申	宋壬寅	宋辛未
	宋庚子	庚午 大任宋	宋庚子

[1]乾亨元年：【劉注·朔閏考異】二月宋辛亥誤，遼、宋同是庚午。六月宋已酉誤，遼、宋同是戊申。

[2]（乾亨）二年：【劉注·朔閏考異】四月宋甲戌誤，遼、宋同是癸酉。七月宋癸卯誤，遼、宋同是壬寅。

[3]（乾亨）三年：【劉注】《劉繼文墓誌銘》載：“乾亨三年歲次辛巳十一月乙未朔十五日己酉。”遼、宋十一月同爲乙未朔。

[4]統和元年：【劉注·朔閏考異】二月注：“大任丁亥，異。”誤，遼、宋同是戊子朔。《紀》亦同作戊子。七月甲寅注：“大任乙卯，異。”誤，遼、宋同是甲寅朔。《紀》亦同作甲寅。

[5]大任丁亥、大任乙卯：《輯要》曰：“宋初用乾元術。”“遼仍用調元術，同。按朔考，大任二丁亥、七乙卯並不合。”

[6]（統和）二年：【劉注·朔閏考異】三月辛亥注：“大任庚戌，異。”誤。按四月辛巳朔，不能是三月庚戌朔。六月庚辰注“大任己卯，異”，應是宋庚辰、遼己卯，《紀》作“六月己卯朔”。《佛舍利銘記》：“時統和二年歲在甲申四月辛巳朔十一日辛卯丙時。”

[7]（統和）三年：【劉注·朔閏考異】正月丙午注：“大任甲戌，異。”按《紀》正月丙午朔，不作甲戌。四月乙亥注：“大任甲

戌，異。”誤。遼、宋均乙亥朔。五月乙巳注：“大任甲辰，異。”誤。遼、宋均乙巳朔。六月甲戌注：“大任癸酉，異。”誤。按七月甲辰朔，則六月不能是癸酉朔。九月壬寅當作壬申，壬寅是宋朔。是年遼閏八月壬寅朔，與宋異，失書。《紀》作閏九月，不合。此外有脫文。下文丙子爲九月初五日，庚辰爲重九，駱駝山登高，賜君臣菊花酒，正合。

[8]（統和）四年：【劉注·朔閏考異】七月丁卯，失書。宋戊辰應作小注。

[9]（統和）五年：【劉注·朔閏考異】正月甲子應是遼乙丑，宋甲子。八月宋辛卯，誤，遼辛卯，宋戊子。

[10]（統和）六年：【劉注·朔閏考異】二月注“宋己丑，異”，誤，宋戊子。七月乙酉應作宋乙酉、遼丙戌。

[11]（統和）九年：【劉注】《韓瑜墓誌銘》載：“統和九年，歲次辛卯，十月丙寅朔。”可知遼、宋同爲十月丙寅朔。

[12]（統和）十年：【劉注·朔閏考異】五月甲午，應是遼癸巳，宋甲午。九月宋壬辰，誤，應是宋辛卯。十月庚申，儼誤宋辛酉，遼、宋均辛酉。十一月宋辛卯，誤，宋庚寅。

[13]（統和）十一年：【劉注·朔閏考異】十月甲申注：“儼誤，宋乙卯。”按儼不誤，遼甲申，宋乙卯。閏十月乙酉。原本作“閏十月甲申”，不合。《蕭貴妃墓誌銘》：“以其年（統和十一年）閏十月十六日庚子，朔日應爲乙酉。”

[14]（統和）十二年：【劉注·朔閏考異】十一月戊申，遼、宋同。《紀》亦同作戊申。《陳表》作己酉。《姜承義墓誌銘》載“時統和十二年歲次甲午四月癸未朔十二日甲午丙時”。宋四月壬午朔，遼、宋異。

[15]（統和）十三年：【劉注·朔閏考異】七月己巳，當作乙巳。《紀》作乙巳是。是年（995），初用賈俊《大明曆》。

[16]（統和）十四年，閏七月己巳：《輯要》曰：“按趙知微術，閏八八戊戌秋分，九己巳霜降。今進爲己亥秋分，使與閏七

相合。"

[17]（統和）十七年：【劉注·朔閏考異】四月遼甲申，宋癸
丑。是年遼閏四月癸丑朔，與宋異，失書。七月辛丑誤。當作辛
巳。錢大昕《四史朔閏考》作辛巳，注云"遼考誤刻辛丑"。

[18]宋癸丑：中華點校本校勘記曰："是年遼閏四月癸丑朔，
與宋異。"該説法没有文獻依據，《輯要》推步不能作爲依據。

[19]（統和）十八年：【劉注】《劉鑄墓誌銘》載"（統和）
十八年，歲次庚子，十月甲辰朔，二十七日庚午。"遼、宋同爲十
月甲辰朔。

[20]（統和）十九年，宋閏十二月戊辰：遼據重修《大明曆》
推爲閏十一月戊戌朔。【劉注·朔閏考異】是年正月癸酉，宋甲戌，
三月癸酉。十月戊戌，宋己亥。十二月丁卯，宋戊戌。是年遼閏十
一月戊戌朔，與宋異，失書。宋閏十二月戊辰。因宋新用《渾天
曆》。《閏考》《本紀》均不誤。

[21]（統和）二十三年：【劉注】《重鐫雲居寺碑記》："統和
乙巳歲（二十三）八月丁丑朔。"此年遼、宋八月同爲丁丑朔。

[22]乙巳：不書出處，考覈爲宋曆。

[23]（統和）二十五年：【劉注】《□奉殷墓誌》載："維統和
貳拾伍年歲次丁未，肆月丁卯朔。"此年遼、宋同爲四月丁卯朔。

[24]（統和）二十六年：【劉注·朔閏考異】聖宗千齡節爲十
二月二十七日，《乘軺録》："（統和二十六年十二月）二十八日，復
宴武功殿，即虜主生辰也。"遼、宋曆差一日。《王説墓誌銘》載：
"統和二十六歲次戊申八月己丑朔二十日戊申。"此年八月遼、宋同
爲己丑朔。

[25]（統和）二十七年：【劉注·朔閏考異】七月甲申應是甲
寅。儻誤，宋、大任作甲寅是。《紀》作甲寅。

[26]（統和）二十八年：【劉注·朔閏考異】五月注"宋乙
卯"，誤。應是遼、宋己卯同。是年閏二月辛亥朔，遼、宋同。

開泰元年[1]宋閏十月己丑	宋己巳	宋己亥	宋戊辰
	宋戊戌	戊辰儼　大任宋	宋丁酉
	宋丁卯	宋丙申	宋丙寅
	宋乙未	甲午大任　宋	宋甲子
二年	宋癸巳	宋癸亥	壬辰儼　大任宋
	壬戌	辛卯儼　大任宋	辛酉儼　大任宋
	辛卯	宋庚申	宋庚寅
	己未儼　大任宋	宋己丑	宋戊午
三年[2]	宋戊子	宋丁巳	宋丙戌
	宋丙辰	丙戌儼　大任宋乙酉，異。	宋乙卯
	乙酉儼　大任宋	甲寅儼　大任宋	宋甲申
	甲寅儼　大任宋	宋癸未	宋癸丑
四年[3]宋閏六月己卯	宋壬午	壬子儼　大任宋	宋辛巳
	庚戌儼　大任宋	宋庚辰	宋己酉
	宋戊申	宋戊寅	宋戊申

	宋戊寅	宋丁未	宋丁丑
五年[4]	宋丙午	宋丙子	乙巳儾 大任宋
	宋甲戌	宋甲辰	宋甲戌
	宋癸卯	宋壬申	宋壬寅
	宋壬申	宋辛丑	宋辛未
六年[5]	宋辛丑	宋庚午	宋庚子
	宋己巳	戊戌儾 大任宋	戊辰 大任宋
	宋丁酉	宋丙寅	宋丙申
	宋丙寅	宋乙未	宋乙丑
七年[6]宋閏四月癸巳	宋乙未	乙丑儾 大任宋	宋乙未
	宋甲子	宋壬戌	宋壬辰
	宋辛酉	宋庚寅	宋庚申
	宋庚寅	宋己未	宋己丑
八年[7]	宋己未	宋己丑	宋戊午
	戊子儾 大任宋	宋丁巳	宋丙戌
	宋丙辰	宋乙酉	宋甲寅
	宋甲申	宋癸丑	宋癸未
九年閏二月壬子儾[8]	宋癸丑	宋癸未	宋壬子以下宋朔同，月異。

	宋壬午 儼三月。以下用此推之。	宋辛亥	宋辛巳
	庚戌 儼大任宋	宋庚辰	宋己酉
	宋戊寅	宋戊申	宋丁丑 宋閏丁未，異。

[1]開泰元年：【劉注·朔閏考異】三月宋戊辰，遼己巳。是年閏十月乙丑朔，遼、宋同，原本作"己丑"誤。

[2]（開泰）三年：【劉注·朔閏考異】五月丙戌誤。遼、宋均乙酉。《紀》作乙酉。《輯要》《陳表》宋、遼丙戌同。

[3]（開泰）四年：【劉注·朔閏考異】七月遼己卯宋戊申。是年遼閏七月戊申朔，與宋異，失書。《李進石棺銘》："開泰四年歲次乙卯，五月三日壬午亡故。五月朔日爲庚辰。"此年五月朔日遼、宋同爲庚辰。

[4]（開泰）五年：【劉注·朔閏考異】"六月癸酉"，原本誤"甲戌"。

[5]（開泰）六年：【劉注】《朝陽東塔大陀羅尼經幢》載："開泰六年歲次丁巳七月丁酉朔，十五日辛亥午時再建。"此年七月，遼、宋同爲丁酉朔。

[6]（開泰）七年：【劉注·朔閏考異】三月甲午，遼、宋同。原誤乙未。《陳國公主墓誌銘》："以當年（開泰七年）閏四月。"此年遼、宋同閏四月。

[7]（開泰）八年：【劉注】《創建無垢淨光法舍利塔記》載："時開泰八年歲次己未九月甲寅朔丁卯日建。"《趙匡禹墓誌銘》載："開泰八年歲次己未九月戊午朔。"此年九月遼、宋同爲甲寅朔。《趙匡禹墓誌銘》謂"九月戊午朔"，疑誤。

[8]（開泰）九年，閏二月壬子儼：作者據耶律儼的記録，該年閏二月壬子，但該年據曆宋朝却是閏十二月丁未。閏考的記録與此相同。根據這一記録，作者於三月小注有"以下宋朔同月異"，四月小注有"儼三月以下，用此推之"。今改編對照表該年二國月朔表，據作者注文排出。但以上所見，遼與五代、宋之閏月，一直差之很小，絶大多數均相同，少數也衹有一月之差，今突然差之十個月，實出偶然。汪曰楨《輯要》據術推均在閏十二月，中華點校本校勘記亦以七月"庚戌儼、大任、宋"之記録爲證，故應是儼"閏二月壬子"記録錯了，閏二月當爲閏十二月之誤。這些小注均不該有。

太平元年[1]	宋丁丑	宋丙午	宋丙子
	宋丙午	宋乙亥	宋乙巳
	甲戌儼 大任宋	宋甲辰	宋甲戌
	宋癸卯	壬申儼 宋癸酉，異。	宋壬寅
二年	宋辛未	辛丑儼 大任宋庚子，異。	宋庚午
	宋庚子	宋己巳	宋己亥
	宋戊辰	宋戊戌	宋戊辰
	宋丁酉	宋丁卯	宋丙申
三年[2]閏九月壬辰儼 宋	宋丙寅高麗	宋乙未	宋甲子
	宋甲午	宋癸亥	宋癸巳
	宋壬戌	宋壬辰	宋壬戌

	宋辛酉	宋辛卯	宋庚申
四年[3]	宋庚寅	宋己未	戊子儼　宋
	宋戊午	宋丁亥	宋丁巳
	宋丙戌	宋丙辰	宋丙戌
	宋乙卯	宋乙酉	宋乙卯
五年[4]	宋甲申	宋甲寅	宋癸未
	宋壬子	宋壬午	宋辛亥
	宋庚辰	宋庚戌	宋庚辰
	宋己酉	宋己卯	宋己酉
六年[5]閏五月丙午宋	宋己卯	宋戊申	宋戊寅
	丁未儼　宋	宋丁丑	宋乙亥
	宋甲辰	宋甲戌	宋甲辰
	宋甲戌	宋癸卯	宋壬申
七年[6]	宋壬寅	宋壬申	宋壬寅
	宋辛未	宋庚子	宋庚午
	宋己亥	宋戊辰	宋戊戌
	宋丁卯	宋丁酉	宋丁卯
八年[7]	宋丁酉	宋丙寅	宋丙申
	宋丙寅	宋乙未	宋甲子
	宋甲午	宋癸亥	宋壬辰
	宋壬戌	宋辛卯	宋辛酉

九年[8]閏七月庚寅宋	宋辛卯	宋庚申	宋庚申
	宋己丑	宋己未	宋戊子
	戊午儼 大任宋	丁卯儼誤，宋丁亥。	宋丙辰
	丙戌儼 大任宋	乙卯儼 大任宋	宋乙酉
十年[9]	宋乙卯	宋甲申	宋甲寅
	宋癸未	宋癸丑	宋癸未
	宋壬子	宋壬午	宋辛亥
	宋辛巳	宋庚戌	宋己卯
十一年[10]閏十月乙巳儼宋	宋己酉	宋戊寅	宋戊申
	宋丁丑	宋丁未	丁丑儼 大任宋
	宋丙午	宋庚子誤，當作丙子。	宋丙午
	宋乙亥	宋甲戌	宋癸卯

[1]太平元年：【劉注·朔閏考異】四月宋丙午應是乙巳。九月宋甲戌應是癸酉。十一月注："宋癸酉，異。"應是壬申。十二月遼辛丑，宋壬寅。《耶律霞茲墓誌銘》："時太平元年歲次辛酉二月丙午朔七日丁酉申時。"此年二月遼、宋同爲丙午朔。

[2]（太平）三年：【劉注】漢字《耶律智先墓誌銘》："太平三癸亥年閏九月。"此年遼、宋同閏九月。

[3]（太平）四年：【劉注·朔閏考異】十二月遼乙卯宋甲寅。

　　［4］（太平）五年：【劉注·朔閏考異】七月遼辛巳宋庚辰。

　　［5］（太平）六年：【劉注·朔閏考異】五月丙子，遼、宋同。原誤丁丑。

　　［6］（太平）七年：【劉注】《王説墓誌銘》：“太平七年歲次丁卯正月戊寅朔十七日甲午，濟陽郡夫人蔡氏薨於顕州之私弟（第）。是歲四月辛未朔二十日甲午申時，祔葬先太師之舊□，禮也。”此年正月朔日遼、宋同爲戊寅。四月朔日遼、宋同爲辛未。

　　［7］（太平）八年：【劉注·朔閏考異】六月宋甲子疑是宋乙丑。

　　［8］（太平）九年：【劉注·朔閏考異】八月丁卯，按八月不能是丁卯朔，應是丁亥字誤。閏七月庚寅誤。宋閏二月庚寅。遼三月庚寅，閏三月庚申，與宋異，失書。

　　［9］（太平）十年：【劉注·朔閏考異】正月乙卯，遼、宋同。《紀》作己卯，己當是乙。《陳表》作甲寅，相差一日。十二月宋己卯，疑是庚辰。

　　［10］（太平）十一年：【劉注·朔閏考異】八月宋庚子誤，當作丙子。《遼聖宗皇帝哀册》作丙子。十二月丁辰，原本誤“癸卯”。《聖宗哀册》：“維太平十一年歲次辛未，六月丁丑朔，三日己卯。……八月丙子朔。二十七日壬寅。……十一月甲戌朔，二十一日甲子。”此年六月遼、宋同爲丁丑朔。八月遼、宋同爲丙子朔。十一月遼、宋同爲甲戌朔。

興宗重熙元年[1]	宋壬申	宋壬寅	壬申儼　宋
	宋辛丑	宋辛未	宋庚子
	宋庚午	宋庚子	宋己巳
	宋己亥	宋己巳	宋戊戌

二年	宋戊辰	宋丁酉	宋丙寅
	宋丙申	宋乙丑	宋甲午
	宋甲子	宋甲午	宋癸亥
	宋癸巳	宋癸亥	宋癸巳
三年閏六月戊午宋	宋壬戌	壬辰儼 宋	宋辛酉
	宋庚寅	庚申儼 宋	宋己丑
	戊子儼 宋	宋戊午	宋丁亥
	宋丁巳	宋丁亥	宋丁巳
四年[2]	宋丙戌	宋丙辰	乙酉儼 宋
	甲寅儼 宋	宋甲申	癸酉儼誤，宋癸丑
	壬午儼 宋	宋壬子	宋辛巳
	宋辛亥	宋辛巳	宋辛亥
五年	宋庚辰	宋庚戌	宋庚辰
	宋己酉	宋戊寅	宋戊申
	宋丁丑	丙午儼 宋	丙子
	宋乙巳	宋乙亥	宋乙巳
六年[3]閏四月癸酉宋	宋甲戌	宋甲辰	宋甲戌
	宋甲辰	宋壬寅	宋壬申
	辛丑儼 宋	宋庚午	宋庚子
	宋己巳	宋己亥	己亥儼誤，宋戊辰。

七年[4]	宋戊戌	宋戊辰	戊戌
	宋丁卯	宋丁酉	宋丙寅
	宋丙申	宋乙丑	宋甲午
	甲子儼 宋	宋癸巳	宋癸亥
八年閏十二月丁亥宋[5]	宋壬辰	宋壬戌	宋壬辰
	宋辛酉	宋辛卯	宋庚申
	宋庚寅	宋庚申	宋己丑
	宋己未	宋戊子	宋丁巳
九年[6]	丙辰儼 宋	宋丙戌	宋乙卯
	宋乙酉	乙卯儼 宋甲寅，異。	宋甲申
	宋甲寅	宋癸未	宋癸丑
	癸未儼 宋	宋壬子	宋壬午
十年[7]	宋辛亥	庚辰儼 宋	宋庚戌
	宋己卯	宋己酉	宋戊寅
	宋戊申	宋丁丑	宋丁未
	宋丁丑	宋丁未	宋丙子
十一年閏九月辛未[8]宋	宋丙午	宋乙亥	甲辰儼 宋
	甲戌儼 宋	宋癸卯	宋癸酉
	壬寅儼 宋	宋壬申	宋辛丑
	宋辛丑	宋庚午	宋庚子

十二年[9]	宋庚午	宋己亥	宋戊辰
	宋戊戌	宋丁卯	宋丙申
	丙寅儀宋	乙未儀宋高麗	壬申誤，宋乙丑。
	宋乙未	宋乙丑	宋甲午
十三年[10]	甲子儀宋	宋甲午	宋癸亥
	宋壬辰	壬戌儀宋	宋辛卯
	宋辛酉	宋庚寅	宋己未
	宋己丑	宋戊午	宋戊子
十四年閏五月丙戌[11]宋	宋戊午	宋戊子	宋丁巳
	宋丁亥	宋丙辰	宋乙卯
	甲申儀宋	宋甲寅	宋癸未
	宋癸丑	壬午儀宋	宋壬子
十五年[12]	宋壬午	宋壬子	宋辛巳
	辛亥儀宋	宋庚辰	宋庚戌
	宋己卯	宋戊申	宋戊寅
	宋丁未	宋丁丑	宋丙午
十六年	宋丙子	宋丙午	宋乙亥
	乙巳儀宋	宋乙亥	宋甲辰
	宋甲戌	宋癸卯	宋壬申
	宋壬寅	宋辛未	辛丑儀宋
十七年閏正月庚子宋	宋庚午	宋己巳	宋己亥

	宋己巳	宋戊戌	宋戊辰
	宋丁酉	宋丁卯	宋丙申
	宋丙寅	乙未儼 宋	宋乙丑
十八年[13]	甲午儼 宋 高麗	宋甲子	宋癸巳
	宋癸亥	宋壬辰	宋壬戌
	宋壬辰	宋辛酉	宋辛卯
	宋庚申	宋庚寅	宋庚申
十九年閏十一月甲寅宋	宋己丑	宋戊午	宋戊子
	宋丁巳	宋丁亥	丙辰儼 宋
	丙戌	宋乙卯	宋乙酉
	宋乙卯	宋甲申	宋甲申
二十年[14]	宋癸丑	宋壬午	壬子儼 宋
	宋辛巳	宋庚戌	宋庚辰
	宋己酉	宋己卯	宋己酉
	己卯儼 宋	宋戊申	宋戊寅
二十一年	宋戊申	宋丁丑	宋丙午
	宋丙子	宋乙巳	宋甲戌
	甲辰儼 宋	癸酉儼 宋	宋癸卯
	宋癸酉	宋壬寅	宋壬申
二十二年[15]閏七月戊辰	宋壬寅	宋壬申	宋辛丑
	宋庚午	宋庚子	宋己巳

	宋戊戌	宋丁酉	宋丁卯
	丙申儼 宋	宋丙寅	丙申儼 宋
二十三年	宋丙寅	宋乙未	宋乙丑
	宋甲午	宋甲子	宋癸巳
	宋壬戌	宋壬辰	宋辛酉
	宋辛卯	宋庚申	宋庚寅
二十四年[16]	宋庚申	宋己丑	宋己未 高麗[17]
	宋己丑	宋戊午	宋戊子
	宋丁巳	宋丙戌	宋丙辰
	宋乙酉	宋乙卯	宋甲申

[1]重熙元年：【劉注·朔閏考異】正月宋壬申，《紀》壬申同。《輯要》《陳表》作癸酉，遼、宋同。

[2]（重熙）四年：【劉注·朔閏考異】六月癸酉，應作癸丑。《張哥墓誌銘》：“重熙四年十一月乙巳朔。”遼十一月朔日與宋異。

[3]（重熙）六年：【劉注·朔閏考異】四月宋甲辰，誤，應是癸卯。十二月己亥，應是戊辰。不能十一月、十二月兩月同是己亥。

[4]（重熙）七年：【劉注】《秦國長公主耶律燕哥墓誌銘》：“越（重熙）七年四月七日癸酉（朔日爲丁卯）。”《蕭紹宗墓誌銘》：“重熙七年，歲次戊寅，十月一日甲子，寢疾薨於闕下，享年四十有三。……以其月二十八日辛卯，歸葬於中京之西山。”《胡化石棺記》：“重熙七年戊寅歲十月甲子朔丙子日葬。以其月二十八日辛卯。”此年四月朔日遼宋同爲丁卯，十月朔日遼、宋同爲甲子。

[5]（重熙）八年：【劉注·朔閏考異】六月遼辛酉，宋庚申。

《張思忠墓誌銘》："以明年（重熙八）二月壬戌朔，十七日陪葬於亡父之塋次。"此年二月朔日，遼、宋異。

[6]（重熙）九年：【劉注·朔閏考異】十二月遼辛巳，宋壬午。《呂思支墓誌銘》："重熙九年歲次庚辰，十二月一日壬午乙時掩閉永記。"此年十二月朔日，遼、宋同爲壬午。

[7]（重熙）十年：【劉注·朔閏考異】八月戊寅，遼、宋同。原本作"丁丑"，不合。契丹大字《北大王墓誌銘》第19行："重熙十年二月十五甲午日。朔日应爲庚辰。"《李餘慶妻張氏石棺銘》："重熙十年歲次辛巳十月丁丑朔二十一日丁酉時葬訖。"此年二月朔日遼、宋同爲庚辰。十月朔日遼、宋同爲丁丑。

[8]（重熙）十一年：【劉注·朔閏考異】六月癸酉，遼、宋同。《耶律遂忠墓誌銘》："重熙十一年六月癸酉朔，八日庚子。"《大王鎮羅漢院建八大靈塔記》："重熙十一年歲次壬午七月壬寅朔十七日戊午甲時建。"此年六月朔日，遼、宋同爲癸酉。七月朔日，遼、宋同爲壬寅。

[9]（重熙）十二年：【劉注·朔閏考異】九月壬申誤，遼、宋同是乙丑。

[10]（重熙）十三年：【劉注·朔閏考異】七月辛酉，遼、宋同。十一月宋戊午，遼己未。《瀋陽塔灣無垢淨光舍利塔地宮石函》："重熙十三年歲次甲申四月大、壬辰朔。"《李繼成暨妻馬氏墓誌銘》："于當年歲次甲申（重熙十三年），八月庚寅朔，二十五日甲寅。"此年四月朔日，遼、宋同是壬辰朔。八月朔日，遼、宋同爲庚寅。

[11]（重熙）十四年：【劉注·朔閏考異】三月遼戊午，宋丁巳。是年閏五月丙戌，宋、遼同。原失書。《閏考》有。《蕭和妻秦國太妃耶律氏墓誌銘》："乙酉年（重熙十四年）閏五月十二日薨於潢河。"《無垢淨光塔地宮石函》："重熙十四年歲次乙酉，十月癸丑朔。"《王澤妻李氏墓誌銘》："以重熙十四年歲次乙酉，十月癸丑朔，十二日甲子，葬。"此年十月朔日，遼、宋同爲癸丑。

[12]（重熙）十五年：【劉注】《秦晉國大長公主墓誌銘》："即以其年（重熙十五年）二月壬子朔二十一日壬申。"《鐵舍利塔碑記》："重熙十五年丙戌歲十一月丁丑朔十六日壬辰。"此年二月朔日，遼、宋同爲壬子。十一月朔日，遼、宋同爲丁丑。

[13]（重熙）十八年：【劉注‧朔閏考異】十二月宋庚申，遼己未。宋不應進而進。

[14]（重熙）二十年：【劉注】《葬石函記》："重熙二十年歲次辛卯三月壬子朔。"《平原公主墓誌銘》："重熙二十年歲次辛卯正月癸丑朔，十二日甲子，薨于永州東之行帳，……以其年夏四月辛巳朔十日庚寅。"此年正月朔日遼、宋同爲癸丑。三月朔日遼、宋同爲壬子。四月朔日遼、宋同爲辛巳。

[15]（重熙）二十二年：【劉注‧朔閏考異】二月遼壬申，宋辛丑。《王澤墓誌銘》："重熙貳拾貳年歲次癸巳四月庚午朔貳拾貳日辛卯乙時記。"漢字《耶律宗教墓誌銘》："重熙二十二年歲次癸巳，六月二庚子日。朔日應爲己亥。……以其年八月十二日戊申。朔日應爲丁酉。"此年，四月朔日，遼、宋同爲庚午。六月朔日遼、宋異。八月朔日遼、宋同爲丁酉。

[16]（重熙）二十四年：【劉注】契丹小字《興宗皇帝哀册》："重熙廿四歲次乙未八月丙戌朔四日己丑。……清寧元年（重熙二十四年）十一月十日甲子。（朔日應爲乙卯。）"此年八月朔日遼、宋同爲丙戌。十一月朔日遼、宋同爲乙卯。

[17]高麗：【劉校】據中華修訂本校勘記，"高"字原闕，依文意補。按明抄本、南監本、北監本、殿本皆無"高麗"二字。

道宗清寧二年[1]宋閏三月癸未	宋甲寅	宋癸未	宋癸丑
	宋壬子	宋壬午	宋辛亥

	宋辛巳	宋庚戌	宋庚辰
	宋己酉	宋己卯	戊申儼 宋
三年[2]	宋戊寅高麗	宋丁未	宋丁丑
	宋丙午	宋丙子	宋丙午
	宋乙亥	宋乙巳	宋甲戌
	宋甲辰	宋癸酉	宋癸卯
四年[3]宋閏十二月丁卯	壬申儼 宋	宋壬寅	宋辛未
	宋辛丑	庚午儼 宋	宋庚子
	宋己巳	宋己亥	宋己巳
	戊戌儼 宋	宋戊辰	宋丁酉
五年[4]	宋丙申	宋丙寅	宋乙未
	甲子儼 宋乙丑,異。	宋甲午	宋癸亥
	宋癸巳	宋癸亥	宋癸巳
	壬子誤 宋壬戌	宋壬辰	宋壬戌
六年[5]	宋辛卯	宋庚申	宋庚寅
	宋己未	戊子儼 宋	戊午儼 宋
	宋丁亥	宋丁巳	宋丁亥
	宋丙辰	宋丙戌	宋丙辰
七年[6]閏八月辛巳宋	宋乙酉	宋乙卯	宋甲申

	宋甲寅	宋癸未	壬午儼誤 宋壬子
	宋壬午	宋辛亥	宋庚戌
	宋庚辰	宋庚戌	宋庚辰
八年[7]	宋己酉	宋己卯	戊申儼　宋
	宋戊寅	宋丁未	甲子儼誤 宋丙子
	宋丙午	宋乙亥	宋乙巳
	甲戌儼　宋	宋甲辰	宋甲戌
九年[8]	宋癸卯	宋癸酉	宋癸卯
	宋壬申	宋壬寅	宋辛未
	宋庚子	庚午儼　宋	宋己亥
	戊辰儼　宋	宋戊戌	宋戊辰
十年[9]閏五月丙寅宋	宋丁酉	宋丁卯	宋丁酉
	宋丁卯	宋丙申	宋乙未
	宋甲子	宋甲午	宋癸亥
	壬辰儼　宋癸巳，異。	宋壬戌	宋壬辰

[1]清寧二年：【劉注·朔閏考異】六月遼壬子，宋辛亥。《張文質爲父造石幢記》："清寧二年丙申歲九月小庚辰朔。"此年九月，遼、宋同爲庚辰朔。

[2]（清寧）三年：【劉注·朔閏考異】四月丙午誤，應作丁未。《張昌齡洎夫人耿氏墓誌銘》："粵清寧三年歲次丁酉八月乙巳

朔二十九日癸酉。”《丁求謹墓誌銘》：“清寧三年歲次丁酉十一月一日癸酉甲時。”《欽哀皇后哀册》：“維清寧三年，歲次丁酉。十二月癸卯朔，二十七日己巳。”此年八月朔日，遼、宋同爲乙巳，十一月朔日，遼、宋同爲癸酉，十二月朔日，遼、宋同爲癸卯。

[3]（清寧）四年：【劉注】《欽哀皇后哀册》：“粵明年（清寧四年）夏五月四日癸酉。”《白山院舍利塔石函記》：“維清寧四年，歲次戊戌年，六月庚子朔，十五甲寅日啓手，至七月己巳朔，十五己未日未時葬舍利訖。”此年五月朔日，遼、宋同爲庚午。六月朔日遼、宋同爲庚子，七月朔日，遼宋同爲己巳。

[4]（清寧）五年：【劉注·朔閏考異】六月遼甲子，《紀》作甲子同，宋癸未。十月壬戌，遼、宋同。十二月宋壬戌，遼辛酉，失書。《耶律庶幾墓誌銘》：“維清寧五年歲次己亥九月癸巳朔，蕆生十有一葉癸卯。”此年九月遼、宋同爲癸巳朔。

[5]（清寧）六年：【劉注】《趙匡禹墓誌銘》：“清寧六年歲次庚子四月己未朔九日丁卯建。”此年四月遼、宋同爲己未朔。

[6]（清寧）七年：【劉注·朔閏考異】六月壬午誤，應是壬子，遼、宋同。契丹大字《耶律昌允墓誌銘》：“清寧七辛丑年十二月庚辰朔，二十一日庚子日。”此年十二月，遼、宋同爲庚辰朔。

[7]（清寧）八年：【劉注·朔閏考異】六月甲子誤，應是丙子，遼、宋同。《劉永端墓誌銘》：“清寧八年五月丁未朔。”契丹大字《耶律昌允墓誌銘》：“清寧八壬寅年九月乙巳朔。”《耶律宗政墓誌銘》：“即以其年歲次壬寅（清寧八年）十月甲戌朔。”此年五月遼、宋同爲丁未朔。九月遼、宋同爲乙巳朔。十月遼、宋同爲甲戌朔。

[8]（清寧）九年：【劉注·朔閏考異】八月遼庚午。宋己巳，失書。《寂善大師墓誌銘》：“癸卯年（清寧九年）十二月戊辰朔二十七日甲午。”此年十二月遼、宋同爲戊辰朔。

[9]（清寧）十年：【劉注·朔閏考異】六月遼丙寅，宋乙未。遼閏六月乙未朔，失書。宋閏五月丙寅，異。十月壬辰遼、宋同。

原注"宋癸巳異"衍誤。契丹大字《蕭孝忠墓誌銘》："甲辰年（清寧十年）四乙巳月二十八庚午日。（朔日爲癸卯。）"此年四月朔日遼爲癸卯，宋爲丁卯。

咸雍元年[1]	辛酉儼 大任 宋 高麗	宋辛卯	宋辛酉
	宋庚寅	宋庚申	宋己丑
	宋己未	宋戊子	宋戊午
	丁亥儼 大任 宋	宋丁巳	宋丙戌
二年[2]	宋丙辰	宋乙酉	宋乙卯
	宋甲申	宋甲寅	宋甲申
	癸丑儼 大任 宋	宋癸未	壬子儼 大 任 宋
	宋壬午	宋辛亥	宋辛巳
三年閏二月 己卯宋[3]	宋庚戌	宋庚辰	宋己酉
	宋戊申	宋戊寅	宋丁未
	宋丁丑	宋丁未	宋丙子
	宋丙午	宋乙亥	宋乙巳
四年[4]	甲戌儼 大任 宋	甲辰儼 大任 宋	宋癸酉
	宋壬寅	宋壬申	宋辛丑
	宋辛未	宋辛丑	宋庚午
	宋庚子	宋庚午	宋己亥

五年[5] 閏十一月甲午宋	宋己巳	宋戊戌	宋戊辰
	宋丁酉	宋丙寅	宋丙申
	乙丑儼 大任宋	宋乙未	宋甲子
	宋甲午	宋甲子	宋癸亥
六年[6]	宋癸巳	宋癸亥	宋壬辰
	宋辛酉	宋庚寅	宋庚申
	宋己丑	宋戊午	宋戊子
	宋戊午	宋戊子	宋丁巳
七年[7]	宋丁亥	宋丁巳	宋丙戌
	宋丙辰	宋乙酉	宋甲寅
	甲申儼 大任宋	宋癸丑	宋壬午
	宋壬子	宋壬午	宋辛亥
八年[8] 閏七月戊申宋	宋辛巳	宋辛亥	宋辛巳
	宋庚戌	宋庚辰	宋己酉
	宋戊寅	宋丁丑	宋丙午
	宋丙子	宋丙午	宋乙亥
九年[9]	宋乙巳	宋乙亥	宋甲辰
	宋甲戌	宋癸卯	宋癸酉
	宋壬寅	宋壬申	宋辛丑
	宋庚午	宋庚子	宋庚午

十年	宋己亥	宋己巳	宋戊戌
	宋戊辰	宋戊戌	宋丁卯
	宋丁酉	宋丙寅	宋丙申
	宋乙丑	宋乙未	宋甲子

　　[1]咸雍元年：【劉注】《耶律宗允墓誌銘》："咸雍元年，歲次乙巳，四月庚寅朔，十一日庚子。"此年四月遼、宋同爲庚寅朔。

　　[2]（咸雍）二年：【劉注】《耶律曷魯墓園經幢記》："咸雍二年歲次丙午五月甲寅（朔），二十七日。"此年五月遼、宋同爲甲寅朔。

　　[3]（咸雍）三年：閏二月己卯宋。按月朔干支推排，閏月己卯朔當爲閏三月，又《閏考》表載爲宋閏三月，知此處當爲閏三月乙卯之誤。

　　[4]（咸雍）四年：【劉注】《陽臺山清水院藏經記》："時咸雍四年歲次戊申三月癸酉朔四日丙子日巽時記。"此年三月，遼、宋同爲癸酉朔。

　　[5]（咸雍）五年：【劉注】《秦晉國妃墓誌銘》："咸雍五年，歲次己酉，七月乙丑朔。二十二日丙戌。……是歲十一月甲子朔。"此年七月遼、宋同爲乙丑朔。十一月遼、宋同爲甲子朔。

　　[6]（咸雍）六年：【劉注·朔閏考異】二月宋癸亥，誤。遼、宋同是壬戌朔。《長編》作壬戌同。《續資治通鑑拾補》卷七："熙寧三年二月壬戌朔。"按畢氏《通鑑考異》："《遼史·天象志》以癸亥爲宋二月朔，乃正月晦日，與《長編》差一日。"八月遼己未，宋戊午。《陳顗妻曹氏墓誌銘（甲）》："庚戌歲（咸雍六年）夏五月庚寅朔二十五日甲寅。"《蕭福延墓誌銘》："咸雍六年夏五月七日丙申（朔日爲庚寅）。"此年五月宋同爲庚寅朔。

　　[7]（咸雍）七年：【劉注】《蕭闛墓誌銘》："咸雍七年，歲次

庚［辛］亥四月丙辰朔。"《蕭閣葬礼做佛事碑乙碑》："咸雍七年，歲次庚［辛］亥四月丙辰朔。"《康文成墓誌》："維咸雍七年歲次辛亥，當四月丙辰朔，八日癸亥逝。當年六月二十九日壬午（朔日爲甲寅）。"《蕭福延墓誌銘》："越其年（咸雍七年）十月三日庚［戌，備］鹵簿（朔日應爲壬午）。"此年四月遼、宋同爲丙辰朔。六月遼、宋同爲甲寅朔。十月遼壬午朔，宋壬子朔。

[8]（咸雍）八年：【劉注】漢字《耶律仁先墓誌銘》："以其年（咸雍八）九月丙午朔。"《耶律宗愿墓誌銘》："咸雍八年閏七月。……維咸雍八年，歲次壬子十一月二十八日癸酉。朔日應爲丙午。"《蕭鬮墓誌銘》："以其年（咸雍八）閏七月二十五日。"此年遼宋同閏七月。九月遼、宋同爲丙午朔。十一月遼、宋同爲丙午朔。

[9]（咸雍）九年：【劉注·朔閏考異】五月遼甲辰，宋癸卯。八月壬申朔，遼、宋同。十二月己巳，遼、宋同。原誤宋庚午。

大康元年[1]閏四月壬辰宋	宋甲午	宋癸亥	宋癸巳
	宋壬戌	宋辛酉	宋辛卯
	辛酉宋	庚寅儼 大任宋	宋庚申
	宋己丑	宋己未	宋己丑
二年[2]	宋戊午	宋丁亥	宋丙辰
	宋丙戌	宋丙辰	乙酉儼 大任宋
	宋乙卯	宋甲申	宋甲寅
	宋甲申	宋癸丑	宋癸未

三年[3]	宋壬子	壬午儼 大任宋	宋辛亥
	宋庚辰	宋庚戌	己卯
	宋己酉	宋戊寅	宋戊申
	宋戊寅	宋戊申	宋丁丑
四年[4]閏五月丙子宋	宋丁未	宋丙午	宋乙亥
	宋甲辰	宋甲戌	宋癸卯
	宋癸酉	宋壬寅	宋壬申
	宋壬寅	宋辛未	宋辛丑
五年	宋辛未	宋庚子	宋庚午
	宋己亥	宋戊辰	宋戊戌
	宋丁卯	宋丙申	宋丙寅
	宋丙申	宋乙丑	宋乙未
六年[5]閏九月庚寅宋	宋乙丑	宋乙未	宋甲子
	宋甲午	癸亥大任	宋壬辰
	宋壬戌	宋辛卯	宋庚申
	己未儼 大任宋	己丑儼 大任宋	宋己未
七年[6]	己丑	宋戊午	宋戊子
	宋戊午	宋丁亥	宋丙辰
	宋丙戌	宋乙卯	宋甲申
	宋甲寅	宋癸未	宋癸丑

八年[7]	宋癸未	宋癸丑	宋壬午
	宋壬子	宋辛巳	辛亥 儼 大任 宋
	宋庚辰	宋庚戌	宋己卯
	宋戊申	宋戊寅	宋丁未
九年[8] 閏六月乙亥宋	宋丁丑	宋丁未	宋丙子
	丙午 儼 大任 宋	宋丙子	宋乙巳
	宋甲辰	宋甲戌	癸卯 儼 大任
	宋癸酉	宋壬寅	宋辛未
十年[9]	辛丑 儼 大任 宋 高麗	庚午 儼 宋	宋庚子
	宋庚午	宋己亥	宋己巳
	宋戊戌	宋戊辰	宋戊戌
	宋丁卯	宋丁酉	宋丙寅

[1]大康元年：【劉注·朔閏考異】正月遼癸巳，宋甲午。十二月宋己丑，誤。遼己丑，宋戊子。漢字《宣懿皇后哀册》：“維大康元年歲次乙卯十一月己未朔，三日辛酉。”契丹小字《宣懿皇后哀册》第4行：“大康元年歲次乙卯十一月己未朔，三日辛酉。”此年十一月遼、宋同爲己未朔。

[2]（大康）二年：【劉注】漢字《仁懿皇后哀册》：“維大康二年歲次丙辰，三月丙辰朔，六日辛酉。……六月乙酉朔十日甲午。”契丹小字《仁懿皇后哀册》第11行：“大康二丙辰年，三月

丙辰朔，六日辛酉。"第 14 行："该年六月十日甲午，應爲乙酉朔。"此年三月遼、宋同爲丙辰朔，六月遼、宋同爲乙酉朔。

　　[3]（大康）三年：【劉注·朔閏考異】遼閏十二月丁未，失書。《閏考》有。本年宋蘇頌使遼，遇冬至，宋曆先一日。見《蘇魏公集》及《長編》。契丹大字《蕭孝忠墓誌銘》第 8、9 行："大康三蛇年三甲辰月二十六日壬子（朔日應爲丁亥）。"《李文貞墓誌銘》："維大康三年歲次丁巳，六月己卯朔，十九丁酉。"此年三月遼丁亥朔，宋辛亥朔。六月遼、宋同爲己卯朔。

　　[4]（大康）四年：【劉注·朔閏考異】正月遼丙子，宋丁未。宋閏正月丙子朔，原本作"五月"誤。《閏考》不誤。《穀積山院讀藏經之記碑》："時大康四年歲次戊午，四月甲辰朔，十五日戊午。"此年四月遼、宋同爲甲辰朔。

　　[5]（大康）六年：【劉注·朔閏考異】是年遼閏八月庚申朔，與宋異，失書。九月庚寅。宋九月庚申，閏九月庚寅。契丹大字《多羅里本郎君墓誌碑》："大康六年閏八月。"

　　[6]（大康）七年：【劉注】契丹大字《多羅里本郎君墓誌碑》："大康七辛酉年三月戊子朔，十五壬寅日。"《仁德皇后哀册》："維大康七年歲次辛酉，十月丙寅朔，八日辛酉。"此年三月遼、宋同爲戊子朔。十月遼丙寅朔，宋甲寅朔。

　　[7]（大康）八年：【劉注】契丹小字《耶律慈特墓誌銘》："大康八壬戌年八月庚戌朔。"此年八月遼、宋同爲庚戌朔。

　　[8]（大康）九年：【劉注】《非覺大師塔記》："大康九年歲次癸亥七月甲辰［朔］十七日庚申日甲申時建。"此九年七月遼、宋同爲甲辰朔。

　　[9]（大康）十年：【劉注】《清河公女墳記》："大康十年閏八月十一日。"

大安元年[1] 缺一閏	宋丙申	宋乙丑	宋甲午

	宋甲子	宋癸巳	宋癸亥
	宋癸巳	宋壬戌	宋壬辰
	宋壬戌	辛卯高麗　宋	辛酉
二年[2]	宋庚寅	庚申	宋戊午
	宋戊子	丁巳儼　大任宋	丁亥儼　大任丙午，誤。宋
	宋丙辰	宋丙戌	宋丙辰
	己酉儼誤　宋乙酉	宋庚午誤，當作乙卯。	宋乙酉
三年[3]	宋甲寅	宋甲申	宋癸丑
	宋壬午	宋壬子	宋辛巳
	宋庚戌	宋庚辰	宋庚戌
	宋己卯	宋己酉	宋己卯
四年[4]閏十二月癸卯宋	宋己酉	宋戊寅	宋戊申
	宋丁丑	宋丙午	宋丙子
	宋乙巳	宋甲戌	宋甲辰
	宋癸酉	宋癸卯	癸卯儼誤，大任宋癸酉。
五年[5]	宋壬申	宋壬寅	宋壬申
	宋辛丑	宋庚午	宋庚子
	宋己巳	宋戊戌	宋戊辰

	宋丁酉	丁卯儀 大任 宋	宋丁酉
六年[6]	宋丁卯	宋丙申	宋丙寅
	宋丙申	宋乙丑	宋甲午
	宋甲子	宋癸巳	宋壬戌
	宋壬辰	宋辛酉	宋辛卯
七年[7] 閏八月丁巳宋	宋辛酉	宋庚寅	宋庚申
	宋庚寅	己未儀 大任 宋	宋己丑
	戊午儀 大任 宋	宋戊子	宋丙戌
	宋丙辰	宋乙酉	宋乙卯
八年[8]	宋甲申	宋甲寅	宋甲申
	宋癸丑	宋癸未	宋癸丑
	宋壬午	宋壬子	宋辛巳
	庚戌儀 大任 宋	宋庚辰	宋己酉
九年[9]	宋己卯	宋戊申	宋戊寅
	宋丁未	宋丁丑	丁未儀 大任 宋
	宋丙子	宋丙午	宋丙子
	宋乙巳	宋乙亥	宋甲辰

十年[10]閏四月辛未宋	宋癸酉	宋癸卯	壬申儼 宋
	壬寅儼 大任宋	宋辛丑	宋庚午
	庚子大任 宋	宋庚午	宋己亥
	宋己巳	宋己亥	宋戊辰

[1]大安元年：【劉注·朔閏考異】“缺一閏”三字衍。按《清河公女墳記》去年即大康十年閏八月。

[2]（大安）二年：【劉注·朔閏考異】是年閏二月己丑朔，遼、宋同，失書。六月遼、宋均丁亥。《紀》作丁亥同。十月乙酉，遼、宋同，己酉儼誤。十一月乙卯，遼、宋同，庚午誤。

[3]（大安）三年：【劉注】《劉知微墓誌銘》：“洎大安三年，歲次丁卯，十月建辛亥，己卯朔，十六日甲午，故。”《蕭興言墓誌銘》：“大安三年十月二十二庚子日。朔日應爲己卯。”此年十月遼、宋同爲己卯朔。

[4]（大安）四年：【劉注·朔閏考異】十二月癸卯誤，宋、遼均是癸酉。契丹小字《耶律永寧郎君墓誌銘》第43行：“大安四戊辰年正月己酉朔。”此年正月，遼、宋同爲己酉朔。

[5]（大安）五年：【劉注】《三塔溝石函墓誌文》：“維大安五年歲次己巳三月壬午朔十四日。”《梁穎墓誌銘》：“大安五年歲次己巳三月壬申，二十九日庚子乙時勑葬。”漢字《蕭孝忠墓誌銘》：“大安五年岁次己巳十二月一日丁酉朔，二十五日辛酉日。”契丹大字《蕭孝忠墓誌銘》第11行：“五己巳年（大安五）十二丁丑月二十五辛酉日。朔日應爲丁酉。”此年三月遼、宋同爲壬申朔。十二月遼、宋同爲丁酉朔。《三塔溝石函墓誌文》謂三月壬午朔，存疑。

[6]（大安）六年：【劉注】《鄭恪墓誌銘》：“維大安六年歲次

庚午十月建丁亥壬辰朔二十四日［乙卯□時掩］閉。"《陳顗妻曹氏墓誌銘（乙）》："大安六年歲次庚午十一月辛酉朔七日丁卯。"此年十月遼、宋同爲壬辰朔。十一月遼、宋同爲辛酉朔。

[7]（大安）七年：【劉注‧朔閏考異】遼閏八月戊午，失書。宋閏八月丁巳。王鼎撰《法均遺行碑》應是閏八月戊午朔，午作戊誤。九月宋丙戌，遼丁亥。《法均大師遺行碑銘》："大安七年歲次辛未閏八月戊戌朔壬午日乾時建。"《耶律（韓）迪烈妻蕭烏盧本娘子墓誌銘》："大安七年辛未歲四月庚寅朔二十日己酉日。"此年四月遼、宋同爲庚寅朔。

[8]（大安）八年：【劉注‧朔閏考異】十月當進爲辛亥，應進未進故與宋同。《耶律昌允妻蘭陵郡夫人蕭氏墓誌銘》："大安八年壬申歲正月壬寅二日乙酉。朔日應爲甲申。"《劉昔兄弟等爲亡父母造石經幢記殘石》："維大安八年歲次壬申二月甲寅朔十九日子。"契丹大字《永寧郡公主墓誌銘》第 24 行："大安八壬申年三月甲申朔，二乙酉日。"《會龍山塔碑銘》："大安八年歲次壬申四月癸丑朔九日辛酉葬訖。"《覺花島海雲寺舍利塔碑銘》："大安八年歲次壬申，九月辛巳朔，二十九日己酉辛□□掩藏記。"此年正月遼、宋同爲甲申朔。二月遼、宋同爲甲寅朔。三月遼、宋同爲甲申朔。四月遼、宋同爲癸丑朔。九月遼、宋同爲辛巳朔。

[9]（大安）九年：【劉注】《張匡正墓誌銘》："至大安九年歲次癸酉四月丁未朔，十五日辛酉乙時。"《張文藻墓誌銘》："大安九年歲次癸酉四月丁巳朔（按，朔日'丁巳'應爲'丁未'之誤），十五日辛酉乙時改葬於州北之隅。"此年四月遼、宋同爲丁未朔。

[10]（大安）十年：【劉注‧朔閏考異】正月遼甲戌，失書。宋癸酉。五月遼壬申，宋辛丑。《大憫忠寺觀音菩薩地宮舍利石函記》："大安十年歲次甲戌閏四月辛未朔二十二日壬辰甲時。"此年遼、宋同閏四月辛未朔。

壽隆元年[1]	戊戌 儼 大 任 宋	宋丁卯	宋丙申
	宋丙寅	乙未 儼 大 任 宋	宋乙丑
	宋甲午	宋甲子	宋癸巳
	宋癸亥	宋癸巳	宋癸亥
二年[2]	宋壬辰	宋壬戌	宋辛卯
	宋庚申	宋庚寅	宋己未
	宋戊子	宋戊午	宋丁亥
	宋丁巳	宋丁亥	宋丁巳
三年[3]閏二月丙戌宋	宋丙戌	丙辰 儼 大 任 宋	宋乙卯
	宋甲申	宋甲寅	宋癸未
	壬子 大任	宋壬午	宋辛亥
	宋辛巳	宋辛亥	宋辛巳
四年	宋庚戌	宋庚辰	宋庚戌
	宋己卯	宋戊申	戊寅 儼 大 任 宋
	宋丁未	宋丙子	宋丙午
	乙亥 儼 大 任 宋	乙巳 儼 大 任 宋	宋乙亥
五年[4]閏九月庚午宋	宋甲辰	宋甲戌	宋甲辰
	宋癸酉	宋癸卯	宋壬申

	壬寅儼　大任宋	宋辛未	宋庚子
	己亥儼　大任宋	己巳儼	宋戊戌
六年[5]	宋戊辰	宋戊戌	宋戊辰
	丁酉儼　大任宋	宋丁卯	宋丙申
	宋丙寅	宋乙未	宋甲子
	宋甲午	宋癸亥	宋癸巳
七年[6]	壬戌儼　大任宋	壬辰儼　大任宋	宋壬戌
	宋辛卯	宋辛酉	宋庚寅
	宋庚申	宋庚寅	宋己未
	宋戊子	宋戊午	宋丁亥

[1] 壽隆元年：【劉注·朔閏考異】九月宋癸巳疑宋甲午。壽隆：遼道宗耶律洪基年號（1195—1101）。據遼代碑刻和錢幣，應作“壽昌”。修訂本前言謂：“按此係陳大任《遼史》避金欽慈皇后‘壽昌’諱而改。後爲元修《遼史》所承襲。”契丹小字《蕭太山和永清公主墓誌銘》：“壽昌元乙亥年二月二十丙戌日。朔日應爲丁卯。……壽昌元甲戌年六月二十甲申日。朔日應爲乙丑。”此年二月遼、宋同爲丁卯朔。六月遼爲己丑朔，宋爲乙丑朔。

[2] （壽昌）二年：【劉注】《王覿妻高氏墓誌》：“維壽昌二年歲次丙子九月戊戌朔，十四庚子日坤時葬。”《耶律弘禮墓誌銘》：“壽昌二年歲次丙子十二月丁巳朔，二十九日乙酉乙時。”此年九月遼戊戌朔，與宋異。十二月遼、宋同爲丁巳朔。

[3] （壽昌）三年：【劉注】《董庠墓滅罪真言按語》：“維壽昌

三年歲次丁丑，六月癸未朔，十四日丙申乙時記。"《劉知古墓誌銘》："維大遼國壽昌三年，歲次丁丑，八月壬午朔，十五日丙申坤時掩勘。"《王唯景墓誌銘》："維壽昌三年歲次丁丑十一月建壬子辛亥朔十日庚申日坤時掩閉。"此年六月，遼、宋同爲癸未朔。八月，遼、宋同爲壬午朔。十一月，遼、宋同爲辛亥朔。

[4]（壽昌）五年：【劉注·朔閏考異】閏九月庚午，遼、宋同，此失書。《閏考》有。《王景石函》："壽昌五年歲次己卯十月己亥朔十一日己酉庚時建。"《尚暐墓誌銘》："壽昌五年歲次己卯冬十月己亥朔己酉日庚時。"此年十月，遼、宋同爲己亥朔。

[5]（壽昌）六年：【劉注】契丹小字《耶律弘用墓誌銘》第20行："壽昌六庚辰年四月丁酉朔，廿四庚申日。"此年四月，遼、宋同爲丁酉朔。

[6]（壽昌）七年：【劉注】漢字《遼道宗哀冊》："維壽昌七年，歲次辛巳，正月壬戌朔，十三日甲戌。"契丹小字《遼道宗哀冊》："壽昌七年，歲次辛巳，正月壬戌朔，十三日甲戌。"契丹小字《耶律（韓）迪烈墓誌銘》："壽昌七辛巳年二月壬辰朔廿八己未日。"壽昌七年與乾統元年是同一年。契丹小字《遼道宗哀冊》第5、6行："乾統元年，四月十日庚子。朔日應爲辛卯。"漢字《遼道宗哀冊》："乾統元年，六月庚寅朔，二十三日壬子。"此年正月，遼、宋同爲壬戌朔。二月，遼、宋同爲壬辰朔。四月，遼、宋同爲辛卯朔。六月，遼、宋同爲庚寅朔。

天祚乾統二年[1]閏六月甲寅宋	宋丁巳	宋丙戌	宋丙辰
	宋乙酉	宋乙卯	宋乙酉
	宋甲申	宋癸丑	宋癸未

	宋壬子	宋壬午	宋辛亥
三年[2]	宋辛巳	宋庚戌	宋庚辰
	宋己酉	宋己卯	宋戊申
	宋戊寅	宋丁未	宋丁丑
	宋丁未	宋丁丑	宋丙午
四年[3]	宋丙子	宋乙巳	宋甲戌
	宋甲辰	宋癸酉	宋壬寅
	宋壬申	宋壬寅	宋辛未
	宋辛丑	宋辛未	宋庚子
五年[4]閏二月己巳宋	宋庚午	宋庚子	宋戊戌
	宋戊辰	宋丁酉	宋丙寅
	宋丙申	宋乙丑	宋乙未
	宋乙丑	宋乙未	宋甲子
六年	宋甲午	宋甲子	宋癸巳
	宋壬戌	宋壬辰	宋辛酉
	宋庚寅	宋庚申	宋己丑
	宋己未	宋戊子	宋戊午
七年[5]閏十月癸未宋	宋戊子	宋戊午	宋丁亥
	宋丁巳	宋丙戌	宋丙辰
	宋乙酉	宋甲寅	宋甲申
	宋癸丑	宋壬子	宋壬午

八年[6]	宋壬子	宋壬午	宋辛亥高麗
	宋辛巳	宋庚戌	宋庚辰
	宋己酉	宋戊寅	宋戊申
	宋丁丑	宋丁未	宋丙子
九年[7]	丙午大任　宋	宋丙子	宋乙巳
	宋乙亥	宋乙巳	宋甲戌
	宋甲辰	宋癸酉	宋壬寅
	宋壬申	宋辛丑	宋辛未
十年[8]閏八月丁酉宋	宋庚子	宋庚午	宋己亥
	宋己巳	宋己亥	宋戊辰
	宋戊戌	宋丁卯	宋丙寅
	宋丙申	宋乙丑	宋乙未

　　[1]乾統二年：【劉注·朔閏考異】七月遼乙卯宋甲申。十月遼癸丑宋壬子。《王世方墓誌銘》：“乾統二年歲次壬午九月庚戌朔二日甲申，注意二日甲申，朔日應爲癸未。不應爲庚戌。”契丹小字《耶律副部署墓誌銘》：“第二壬午年（乾統二年）十一月壬午朔廿五丙午日。”《王仲興墓誌銘》：“乾統二年歲次壬午，九月癸未朔，二十七日己酉之辰癸時記。”契丹小字《耶律迪里姑墓誌銘》第17行：“乾統二年岁次壬午十二月辛亥朔，十一日辛酉。”此年九月，遼、宋同爲癸未朔。十一月，遼、宋同爲壬午朔。十二月，遼、宋同爲辛亥朔。

　　[2]（乾統）三年：【劉注·朔閏考異】八月遼戊申，宋丁未。

　　[3]（乾統）四年：【劉注】《石雕大佛頂尊勝陁羅尼經幢》：

"大遼乾統四年歲次甲申八月壬寅朔十九日庚申甲時建立。"《龔祥墓誌銘》："維乾統四年歲次甲申十月辛丑朔二十一日辛酉辛時記。"此年八月，遼、宋同爲壬寅朔。九月，遼、宋同爲辛未朔，十月，遼、宋同爲辛丑朔。

[4]（乾統）五年：【劉注·朔閏考異】是年遼閏三月己亥朔，與宋異，失書。宋閏二月己巳，三月戊戌。《尊聖陀羅尼□□幢》："乾統五年歲次乙酉九月己未朔，十四□□日。"《白懷友爲亡考妣造陀羅尼經幢記》："乾統五年乙酉冬十月乙丑朔二十一日乙酉記。"《張讓墓誌銘》："大遼乾統五年歲次乙酉十月乙丑朔，二十一日乙酉甲時。"《鐙幢記》："乾統五年乙酉歲十一月乙未朔庚戌日坤時建記。"此年九月遼己未朔，宋乙未朔。十月遼、宋同爲乙丑朔。十一月遼、宋同爲乙未朔。

[5]（乾統）七年：【劉注·朔閏考異】四月遼丙辰，宋丁巳。五月遼乙酉，宋丙戌。六月遼乙卯，宋疑丙辰。《蕭知微妻梁國太妃墓誌銘》："乾統六年冬十二月甲子，次年四月丁巳朔，十四日庚午癸時。"《無垢淨光塔地宮石函》："乾統七年歲次丁亥四月小書丁巳朔十一日丁卯火日。"《梁援妻张氏墓誌銘》："當年（乾統七年）四月十七日癸酉。"此年四月遼、宋同爲丁巳朔。

[6]（乾統）八年：【劉注】契丹大字《耶律祺墓誌銘》："該年（乾統八年）六月三壬午日（朔日爲庚辰）。"《王三郎石函》："乾統八年戊子十月丁丑朔九日乙酉丁時。"此年六月遼、宋同爲庚辰朔。十月遼、宋同爲丁丑朔。

[7]（乾統）九年：【劉注】《上京開化寺經幢記》："乾統九年十月三日己丑（朔日爲丁亥）午時。"此年十月遼、宋同爲丁亥朔。

[8]（乾統）十年：【劉注·朔閏考異】遼閏八月丙申。失書。宋閏八月丁酉。錢大昕《四史朔閏考》遼閏七月，不合。《雲門寺經幢記》："維乾統十年龍集庚寅三月巳亥朔十七日乙卯水巽時建。"漢字《義和仁壽皇太叔組耶律弘本哀册文》："維乾統十年，歲次庚

寅，閏八月丁酉朔。……粵以十一月八日壬申（朔日應爲乙丑）。"
契丹小字《皇太叔組哀册文》第4行："乾統十年歲次庚寅，閏八
月丁酉朔，廿五辛酉。……十月丙申朔，五日庚子。……十一月乙
丑朔，八日壬申。"此年三月遼、宋同爲巳亥朔。遼、宋同閏八月
丁酉朔。十月遼、宋同爲丙申朔。十一月遼、宋同爲乙丑朔。

天慶元年[1]	宋甲子	宋甲午	宋癸亥
	宋癸巳	宋壬戌	宋壬辰
	宋壬戌	宋辛卯	宋辛酉
	宋庚寅	宋庚申	宋己丑
二年[2]	己未儼　大任宋	宋戊子	宋戊午
	丁亥儼　大任宋	宋丁巳	宋丙戌
	宋丙辰	宋乙酉	宋乙卯
	宋乙酉	宋甲寅	宋甲申
三年[3]閏四月辛	宋甲寅	宋癸未	宋壬子
	宋壬午	宋庚辰	宋庚戌
	宋己卯	宋己酉	宋己卯
	宋戊申	宋戊寅	宋戊申
四年[4]	宋戊寅	宋丁未	宋丙子
	宋丙午	宋乙亥	宋甲辰
	宋甲戌	宋癸卯	宋癸酉

	壬寅儗 大任宋	宋壬申	宋壬寅
五年[5]	宋壬申	宋辛丑	宋辛未
	宋庚子	宋庚午	己亥儗 大任 宋
	宋戊辰	宋戊戌	丁卯儗 大任 宋
	宋丁酉	宋丙寅	宋丙申
六年[6] 閏正月丙申宋	宋丙寅	宋乙丑	宋乙未
	宋甲子	宋甲午	宋癸亥
	宋壬辰	宋壬戌	宋辛卯
	宋辛酉	宋庚寅	宋庚申
七年[7]	宋庚寅	宋己未	宋己丑
	宋己未	宋戊子	宋戊午
	宋丁亥	宋丙辰	宋丙戌
	乙卯儗 大任宋	宋乙酉	宋甲寅
八年[8] 閏五月庚戌宋	宋甲申	宋癸丑	宋癸未
	宋癸丑	壬午儗 宋	宋壬子
	宋辛巳	宋辛亥	宋庚辰
	宋己卯	宋己酉	宋戊寅

九年	宋戊申	宋丁丑	丁未儀 大任 宋
	宋丙子	宋丙午	宋丙子
	宋乙巳	宋乙亥	宋甲辰
	甲戌大任　宋	宋癸卯	宋癸酉
十年[9]	宋壬寅	宋壬申	宋辛丑
	宋辛未	宋庚子	宋庚午
	宋己亥	宋己巳	宋己亥
	宋戊辰	宋戊戌	宋丁卯

[1]天慶元年：【劉注】《韓師訓墓誌銘》：“天慶元年歲次辛卯九月辛酉朔。”此年九月遼、宋同爲辛酉朔。

[2]（天慶）二年：【劉注】《釋迦定光二佛舍利塔記》：“天慶二年壬辰四月丁亥朔八日甲午時葬。”此年四月遼、宋同爲丁亥朔。

[3]（天慶）三年：【劉注·朔閏考異】閏四月。遼、宋同。十月遼己酉、宋戊申。《無垢清淨光明陀羅尼經幢》：“維天慶叁年歲次癸巳五月庚辰朔拾壹日庚寅艮時掩藏訖。”《馬直溫妻張氏墓誌銘》：“以其年（天慶三年）五月庚辰朔，二十四日癸卯，葬于燕京。”《張懿墓誌銘》：“維天慶三年歲次癸巳，八月己酉朔，二十五日癸酉乾時建。”《惠州李祐墓幢記》：“天慶三年九月二十五日癸卯（朔日爲己卯）。”此年五月遼、宋同爲庚辰朔。八月遼、宋同爲己酉朔。九月遼、宋同爲己卯朔。

[4]（天慶）四年：【劉注】《劉慈墓誌》：“天慶四年歲次甲午四月丙午朔壬申二十七日記。”《史洵直墓誌銘》：“以天慶四年歲次甲午六月甲辰朔二十三日丙寅乙時。”此四月遼、宋同爲丙午朔。六月遼、宋同爲甲辰朔。

　　［5］（天慶）五年：【劉注】契丹小字《故耶律氏銘石》："天慶五乙未年四月庚子朔十己酉日。"此年四月遼、宋同爲庚子朔。

　　［6］（天慶）六年：【劉注】《張世卿墓誌銘》："天慶六年丙申歲閏正月四日遘疾而終。是歲四月甲子朔，十日癸酉甲時，葬於福興。"《靈感寺釋迦佛舍利塔銘》："天慶六年歲次丙申八月壬戌朔甲戌十三日丙時建。"此年遼、宋同閏正月丙申朔。四月，遼、宋同爲甲子朔。八月，遼、宋同爲壬戌朔。

　　［7］（天慶）七年：【劉注】《張世古墓誌銘》："天慶七年丁酉歲四月己未朔十五日癸酉甲時葬。"《張恭誘墓誌銘》："天慶七年歲丁酉月孟夏冀生滿葉日癸酉甲時掩閉。"此年四月遼、宋同爲己未朔。

　　［8］（天慶）八年：【劉注·朔閏考異】閏九月庚戌朔，遼、宋同，原本作"閏五月"誤。《金史·太祖紀》天輔三年亦閏九月。

　　［9］（天慶）十年：【劉注】《松壽等爲亡父特建法幢記》："天慶十年歲次庚子四月辛未朔，十五日乙丑日。"此年四月，遼、宋同爲辛未朔。

保大元年[1]閏五月甲子宋	丁酉儗宋　大任宋	宋丙寅	宋丙申
	宋乙丑	宋甲午	宋癸巳
	宋癸亥	宋癸巳	宋壬戌
	宋壬辰	宋壬戌	宋辛卯
二年	宋辛酉	庚寅儗宋　大任宋	宋庚申
	宋己丑	宋戊午	宋戊子

	丁巳_儼 大任 宋	宋丁亥	宋丁巳
	宋丙戌	宋丙辰	宋丙戌
三年	宋乙卯	乙酉_儼 宋	宋甲寅
	甲申_儼 大任 宋	癸丑_{大任} 宋	宋壬午
	宋壬子	宋辛巳	宋辛亥
	宋庚辰	宋庚戌	宋庚辰
四年閏三月 戊寅_宋	宋庚戌	宋己卯	宋己酉
	宋戊申	宋丁丑	宋丙午
	宋丙子	宋乙巳	宋甲戌
	宋甲辰	宋甲戌	宋甲辰
五年	宋癸酉	宋癸卯	宋癸酉
	宋壬寅	宋壬申	宋辛丑
	宋庚午	宋庚子	宋己巳
	宋戊戌	宋戊辰	宋戊戌

　　[1]保大元年：【劉注·朔閏考異】九月遼癸亥、宋壬戌。《鮮于氏墓誌銘》："保大元年……三月己未朔。"此年三月，遼己未朔，宋丙申朔。又，由五月甲午，六月癸巳，知其間必有閏五月甲子朔。

　　宋元豐元年十二月，[1]詔司天監考遼及高麗、日本

國曆與《奉元曆》同異。[2]遼己未歲氣朔與《宣明曆》
合,[3]日本戊午歲與遼曆相近,[4]高麗戊午年朔與《奉元
曆》合,氣有不同。[5]戊午,遼大康四年;己未,五年
也。[6]當遼、宋之世,二國司天固相參考矣。

　　高麗所進《大遼事跡》,載諸王冊文,頗見月朔,
因附入。[7]

　　[1]宋元豐元年:即公元 1078 年。元豐(1078—1085)爲北宋
神宗趙頊(1048—1085)第二個年號。

　　[2]詔司天監考遼及高麗、日本國曆與《奉元曆》同異:皇帝
命令司天監官瞭解遼國和高麗、日本與宋《奉元曆》的同異之處。
在一個相當長的歷史時期內,朝鮮、日本都參考使用不同時期的中
國曆法,並用以推算頒布曆書。所載曆日,與宋時有出入,故北宋
政府頒詔予以調查。《奉元曆》,衛朴造,宋神宗熙寧八年(1075)
至哲宗元祐八年(1093)頒行,歷時十九年。宋南渡亡失,史稱奉
元術不存。大致增損《崇天曆》和《明天曆》爲之。宋神宗頒詔
調查之期正逢奉元術頒行之時。【劉注】高麗:指王建創建的高麗
王朝(918—1392)。統治地域在今朝鮮半島,首都在開京(今朝鮮
開城市)。

　　[3]遼己未歲氣朔與《宣明曆》合:己未歲爲公元 1079 年。
《宣明曆》唐日官所造(失名),行於唐長慶二年至景福元年
(822—892),計 71 年,爲唐之善曆,故行之多年。檢驗表明,在
公元 1079 年,遼曆氣朔與《宣明曆》合。

　　[4]日本戊午歲與遼曆相近:日本長期使用《宣明曆》,而遼
曆上年與《宣明曆》合,故曰與遼曆相近。戊午歲,即公元
1078 年。

　　[5]高麗戊午年朔與《奉元曆》合,氣有不同:高麗與《奉元
曆》朔合而節氣有所不同,即與奉元術朔日完全一致,而僅節氣微

有差異。

[6]戊午，遼大康四年；己未，五年也：戊午年，爲遼大康四年（1078），宋元豐元年；己未年，爲遼大康五年，宋元豐二年。

[7]自“高麗所進”至“因附入”：言高麗人所撰寫的《大遼事跡》，其中記載了許多月朔記録，所以附載於此。

象[1]

孟子有言：“天之高也，星辰之遠也，苟求其故，千歲之日至可坐而致。”甚哉！聖人之用心，可謂廣大精微，至矣盡矣。

日有晷景，月有明魄，斗有建除，星有昏旦。[2]觀天之變而制器以候之，八尺之表，六尺之筒，百刻之漏，日月星辰示諸掌上。[3]運行既察，度分既審，於是像天圜以顯運行，置地櫃以驗出入，渾象是作。[4]天道之常，尋尺之中可以俯窺，陶唐之象是矣。[5]設三儀以明度分，管一衡以正辰極，渾儀是作。天文之變，六合之表可以仰觀，有虞之璣是矣。[6]體莫固於金，用莫利於水。[7]範金走水，不出户而知天道，此聖人之所以爲聖也。[8]

歷代儀象表漏，各具于志。太宗大同元年，得晉曆象、刻漏、渾象。[9]後唐清泰二年已稱損折不可施用，其至中京者槩可知矣。[10]古之煉銅，黑黄白青之氣盡，然後用之，故可施於久遠。唐沙門一行鑄渾天儀，時稱精妙，未幾銅鐵漸澀，不能自轉，置不復用。金質不精，水性不行，況移之沍寒之地乎？[11]

[1]象：此處專指儀象，即天文儀器。

[2]日有暑景，月有明魄，斗有建除，星有昏旦：言聖人創立了利用日中暑影、月亮圓缺、斗柄指向、昏旦中星這四種定時節的方法。

[3]自"觀天之變"至"示諸掌上"：人們通過圭表、渾儀、漏刻，對日月星辰的運動了解得十分透徹，將其展現在指掌之上。

[4]自"運行既察"至"渾象是作"：是説人們了解了天體的運行規律，製作渾象來顯示。

[5]陶唐之象：言陶唐氏（即堯）發明俯窺以測暑影定季節。

[6]自"設三儀"至"有虞之璣"：言有虞氏（即舜）發明了以渾儀測日月星三辰的度分的方法。

[7]體莫固於金，用莫利於水：物體的堅固沒有比金屬更甚的，其周流循環沒有比水更爲便利的。

[8]自"範金走水"至"以爲聖也"：言聖人祇要掌握了固金走範的規律，便能足不出戶而知天道。

[9]太宗大同元年，得晉曆象、刻漏、渾象：遼太宗於大同元年（947）改克汴京，得到了石晉的曆法、儀象、漏刻、渾象等儀象資料。

[10]自"後唐清泰"至"桀可知矣"：從汴京得到的天文儀器，早在後唐清泰二年（935）對其檢驗時，就發現其已損壞不可使用。這種情況，在將它們移至中京時就已經知道了。遼之中京，爲大定府址（今内蒙古自治區寧城縣大明鎮）。

[11]"唐沙門"至"沍寒之地"：言這些儀器移至中京後不能使用是符合常情的，一行製作時稱精妙的渾儀不久便不能自轉，更何況將汴京之器移至沍寒之地了。

刻漏

晉天福三年造。周官挈壺氏懸壺必纍之以火。地雖沍寒，蓋可施也。[1]

　　[1]自"晉天福三年造"至"蓋可施也"：在汴京得到的天文器，衹有漏壺，雖然移至沍寒之地，却仍可使用，上刻載晉天福三年（938）制造。沍寒之地，即北方寒冷的緯度偏高之地。

　　官星[1]

　　古者官星萬餘名。[2]遭秦焚滅圖籍，世祕不傳。[3]漢收散亡，得甘德、石申、巫咸三家圖經。經緯合千餘官，僅存什一。分爲三垣、四宮、二十八宿，樞以二極，建以北斗，緯以五星，日月代明，貴而太一，賤逮屎糠。占決之用，亦云備矣。[4]司馬遷《天官書》既以具錄，後世保章守候，無出三家官星之外者。天象昭垂，歷代不易，而漢、晉、隋、唐之書累志天文，近於衍矣。且天象機祥，律格有禁，書于勝國之史，詿誤學者，不宜書。[5]其日食、星變、風雲、震雪之祥，具載《帝紀》，不復書。[6]

　　[1]官星：即星名。因中國星名大多以官員命名，故稱星官。此處對中國星名，專以一欄介紹。
　　[2]古者官星萬餘名：出自張衡《靈憲》："微星之數，蓋萬一千五百二十。"此爲籠統之言，其實未經嚴格觀測統計。薄樹人1962年發表的《中國古代的恒星觀測》一文中説："至於微星之數，則肯定是他的想象。"
　　[3]遭秦焚滅圖籍，世祕不傳：言這一萬餘名星官，因遭秦火亡失。這是没有根據的歸罪秦火的議論。其實先秦時對中國星座知識所知尚淺，哪會有一萬餘星名記録積存。

[4]自"漢收散亡"至"亦云備矣"：指後世逐步形成的三垣二十八宿中外星官體系。

[5]自"司馬遷"至"不宜書"：言記載星官之書衆多，天象歷代不易。天象機祥，律格有禁，見於勝國之史，故不宜書。作者輕描淡寫地一筆帶過，實則自知無力寫出勝於前史的創新之作。

[6]自"其日食"至"不復書"：言日食、星變、風雲、災異等天象記録，已載在《帝紀》，這裏不再重複記録了。

（陳久金　劉鳳翥校注）

遼史　卷四五

志第十五

百官志一[1]

[1]百官志一：【靳校】原本闕“志一”二字，今據文例補。

官生於職，職沿於事而名加之，後世沿名不究其實。吏部一太宰也，爲大司徒、[1]爲尚書、爲中書、爲門下；兵部一司馬也，爲大司馬、爲太尉、爲樞密使。[2]沿古官名，分今之職事以配之，於是先王統理天下之法如治絲而棼，名實淆矣。

[1]大司徒：丞相之職。《周禮·地官·司徒》：“大司徒之職，掌建邦之土地之圖與其人民之數，以佐王安擾邦國。”所謂“安擾”，即安定、馴導之義。《漢書·哀帝本紀》元壽二年（前1）改丞相爲大司徒。

[2]大司馬：《周禮·夏官·司馬》：“大司馬之職掌建邦國之九灋（法），以佐王平邦國。”注：“平，成也，正也。”《漢書·哀帝本紀》元壽二年五月“正三公官分職：大司馬衛將軍董賢爲大司馬，丞相孔光爲大司徒，御史大夫彭宣爲大司空”。

契丹舊俗事簡職專，官制朴實不以名亂之，其興也勃焉。太祖神册六年詔正班爵。[1]至于太宗兼制中國，官分南、北，[2]以國制治契丹，以漢制待漢人。國制簡朴，漢制則沿名之風固存也。[3]

[1]正班爵：論功行賞，授臣下以官爵。《晉書》卷七一《王鑒傳》："班爵序功，酬將士之勞。"

[2]官分南、北：會同元年（938），後晉將幽、薊等十六州"割獻"給契丹。契丹對這十六州的統治也基本上采取統治東丹的方式：將這一地區的全部統治機器接收過來，令其照常運轉。當時遼太宗曾對契丹中央官制進行一些變革，"置宣徽、閣門使、控鶴、客省、御史大夫、中丞、侍御、判官、文班牙署、諸宮院世燭"（本書卷七二《義宗傳》）。這些官署雖然後來多隸屬於南面官，但僅此而已，還不能説此時就已經形成了南面官系統。因爲當時遼朝仍然是沿襲原來的部落聯盟體制，幽、薊地區的地位，與其治下的各部族、屬國相同。遼世宗即位後，天禄元年（947）八月"癸未，始置北院樞密使，以安摶爲之"。九月，又以"高勳爲南院樞密使"（本書卷五《世宗本紀》）。至此，遼朝始有北、南樞密院，北、南面官體制開始確立。契丹王朝中央統治機構中出現了專門管理農耕民族事務的"南面官"，從而得以對漢人以及渤海人聚居地區實行直接統治；而北面官系統的形成也使得各部族首領變成了朝廷命官，各部族組織形式雖然依舊，就其性質而論却已經變成了契丹王朝統轄下的行政單位。北面官雖然主管部族事務，但它本身並不是在原來的部族聯盟體制基礎上發展起來的，同南面官一樣，也是依照中原王朝的設官制度建立起來的。北面官的核心機構是北樞密院。它顯然是依照後晉樞密院的模式建立的。

[3]沿名之風：指官員的實職之外附加各種名銜。《新唐書》卷四六《百官志》："其辨貴賤、敘勞能，則有品、有爵、有勳、有

階，以時考覈而升降之。"但至唐天授中，"始有試官之格，又有員外之置，尋爲檢校、試、攝、判、知之名"（《宋史》卷一六一《職官志》）。文散階有二十九，自開府儀同三司、特進直至某某大夫、某某郎；武散階有將軍、校尉等，凡四十五。宋人洪邁《容齋隨筆》三筆卷四《舊官銜冗贅》："會稽禹廟有唐天復年越王錢鏐所立碑，其全銜九十五字，尤爲冗也。"遼的南面官沿襲唐末五代官銜冗贅舊習，如《禮志》中一再提及官員在典禮中要"通全銜"。所謂"全銜"，不僅包括官員的官職，還包括階、勳、檢校、持節等。《熱河志》卷九八載白川州廢城址內有遼開泰二年（1013）《佛頂尊勝陀羅尼石幢記》，爲白川州官吏所建，石幢記落款有："長寧軍節度掌書記、儒林郎、試大理評事、武騎尉王桂撰；長寧軍節度管內觀察處置等使、金紫崇禄大夫、檢校太傅、使持節白川州諸軍事、白川州刺史兼御史大夫、上柱國（以下俱闕）。"石幢左方列銜可辨識者有："銀青崇禄大夫兼監察御史、武騎尉、商稅麴務都監王元泰；銀青崇禄大夫兼監察御史、武騎尉、同兼麴務張翼；三司押衙、麴務判官兼知商稅事翟可行；銀青崇禄大夫、檢校工部尚書兼御史大夫、上柱國崔宬；儒林郎、試大理寺評事、守白川州咸康縣令、武騎尉王□；銀青崇禄大夫、檢校左散騎常侍、兼殿中侍御史、驍騎尉江濤；觀察判官、儒林郎、試大理司直、雲騎尉、賜緋魚袋田能成；內觀察處置等使、金紫崇禄大夫、檢校太傅、使持節白川州諸軍事、白川州刺史兼御史大夫、上柱國、鉅鹿縣開國子、食邑五百户耿延皆。"

遼國官制分北、南院。北面治宮帳、部族、屬國之政，南面治漢人州縣租賦、軍馬之事。因俗而治，得其宜矣。初，太祖分迭剌夷离堇爲北、南二大王，[1]謂之北、南院；宰相、樞密、宣徽、林牙，下至郎君、護衛，皆分北、南，其實所治皆北面之事，語遼官制者不可不辨。凡遼朝官，北樞密視兵部、南樞密視吏部，[2]北、南二王視戶部，夷离畢視刑部，[3]宣徽視工部，敵烈麻都視禮部，[4]北、南府宰相總之，[5]惕隱治宗族，[6]林牙修文告，[7]于越坐而論議以象公師。[8]朝廷之上事簡職專，此遼所以興也。

[1]北、南二大王：即契丹北院大王和南院大王。契丹部族官名。遼朝析迭剌部爲五院部和六院部。五院部在朝曰北大王院；六院部在朝曰南大王院。北院大王和南院大王即是五院部和六院部的首領，握有兵權。

[2]樞密：樞密使之設，最初始於唐中葉，以宦官充任。五代時，樞密使已用士人充任，其事權越來越重。本書卷四《太宗本紀下》大同元年（947），耶律德光入汴，以"晉李崧爲樞密使"，據《新五代史》卷五七《李崧傳》，他在後晉朝廷中的職務是"中書侍郎、同中書門下平章事兼樞密使"，德光衹保留了他的樞密使職務，是因爲新王朝以樞密使兼管軍事和行政。軍、政一體化，這是契丹部族固有的傳統。德光入汴以後雖然沿襲晉制，但却用其固有的傳統加以改造。爲適應遼朝統治下各民族社會經濟、文化具有顯著差異的情況，天禄元年（947）遼世宗返回塞外途中，設北、南兩個樞密院。南樞密院又稱爲"漢人樞密院"，北樞密院則稱爲"契丹樞密院"。《遼史·百官志》構擬出遼朝有三個樞密院：契丹北、南樞密院和漢人樞密院。這早已爲中外學者一致證明是不符合實際的。遼朝總共衹有兩個樞密院：北樞密院乃北面最高官衙，南樞密院乃南面最高官衙。北樞密院位在北、南二府之上。因此，北樞密院即是北面官中實際的宰輔機關，南樞密院則是南面官的最高機構，其下有南面宰相——平章事、參知政事及各職能部門。

[3]夷离畢：契丹官名。爲執政官，相當於副宰相參知政事。後來官分南、北，北面官有夷离畢院，主要掌刑政。

[4]敵烈麻都：契丹官名。本書卷一一六《國語解》稱："敵烈麻都，掌禮官。"遼設敵烈麻都司，負責宮廷禮儀，屬北面官。

[5]北、南府宰相：契丹部族官名。契丹可汗之下有北、南二府，各部族則分屬二府，二府分設北府宰相、南府宰相，簡稱北宰相、南宰相。乙室、楮特、突舉等部隸南府。五院部、六院部、品部、烏隗部、涅剌部、突呂不部等隸北府。

[6]惕隱：契丹官名。又稱梯里己，掌皇族政教。本書卷一一六《國語解》："惕隱，典族屬官，即宗正職也。"【劉注】契丹小字作王苓甫。音譯。

[7]林牙：契丹官名。掌文翰，相當於翰林學士。

[8]于越：契丹官名。爲契丹貴官，非有大功德者不授。位在北、南大王之上。

北面

北面朝官

契丹北樞密院，[1]掌兵機、武銓、群牧之政，[2]凡契丹軍馬皆屬焉。以其牙帳居大內帳殿之北，故名北院。元好問所謂"北衙不理民"是也。[3]

北院樞密使。

知北院樞密使事。

知樞密院事。

北院樞密副使。

知北院樞密副使事。

同知北院樞密使事。

簽書北樞密院事。

北院都承旨。[4]

北院副承旨。

北院林牙。

知北院貼黃。[5]

給事北院知聖旨頭子事。

掌北院頭子。

北樞密院敞史。[6]

北院郎君。[7]

北樞密院通事。[8]

北院掾史。[9]

北樞密院中丞司：

北南樞密院點檢中丞司事。

總知中丞司事。

北院左中丞。

北院右中丞。

同知中丞司事。

北院侍御。

[1]契丹北樞密院："契丹"二字爲元朝修史時妄加。中華點校本又於其上加"北面"及"北面朝官"二目，更非《遼史》原稿所有，而是據道光殿本所增。中華點校本校勘記更進一步説明增補的理由："北面及北面朝官：原無此二目。按卷首目録有'北面'，下文卷四七有'南面''南面朝官'之目，《南面朝官序》云：'遼有北面朝官。'又《續通志》一三二《遼官制》亦列'北面''北面朝官'。道光殿本已增，今補。"這一條校勘記衹列出了增加此二目的根據，卻忽略了不應作此增補的理由。傅樂煥先生經考證，指出："今《遼史·百官志》分'北面官'（卷四五、四六）

'南面官'（卷四七、四八）兩大部門，愚疑此兩部門非出同源。北面官門當爲舊本《遼史》所有，南面官則爲元人新撰。""北面官爲契丹政治之核心，遼人重視，遠過南面。余更疑今《百官志》北面官門，實爲舊《百官志》之'全文'。其篇首之'契丹南樞密''契丹北樞密院'兩目（'契丹'頭銜乃元人妄加）亦係舊《志》固有。蓋北、南兩樞密院爲北、南官僚之最高衙門，乃弁之篇首。然以不重南面官，故僅列南樞密院一目，另未細裁。""如以上之推測不誤，則今《百官志》南面官兩卷，乃北面'（契丹）南樞密院'一條之複出。"（參《遼史叢考》第 301 至 302 頁）

[2]武銓：即武官的銓選，本書對此無具體記載。宋朝的武銓有相關考試科目的規定。據《宋會要輯稿》選舉六之一三，淳熙六年（1179）正月九日，詔："近已降指揮，令武臣呈試材武或三等弓力事藝，或七書義三色，依舊法外，内呈試第二等、第三等弓力人，並令添試斷案一場，仍止試一道問目，少立條件，比文臣銓試題一半。"三月一日，臣僚言："文官每歲止銓試一次，其使臣出官，却於春秋仲月兩次呈試。乞自今依文武銓試例，每歲止於春季收試一次。"從之。　群牧：契丹專門管理畜群的機構。諸路設群牧使司，下設某群太保、某群侍中、某群敞史；朝廷設總典群牧使司，有總典群牧部籍使、群牧都林牙等職。以"群"爲單位設某群牧司，設群牧使、群牧副使。此外，還有祇管理馬及牛群的機構。遼亡之後，金稱契丹群牧爲"烏魯古"。

[3]北衙不理民：元好問説："嗚呼，世無史氏久矣。遼人主盟將二百年，至如'南衙不主兵，北司不理民'，縣長官專用文吏，其間可記之事多矣。泰和中詔修《遼史》，書成，尋有南遷之變，簡册散失，世復不見。今人語遼事至不知起滅凡幾主，下者不論也。《資治通鑑長編》所附見及《亡遼録》《北顧備問》等書多敵國誹謗之辭，可盡信邪！"（《國朝文類》卷五一《故金漆水郡侯耶律公墓誌銘》）

[4]承旨：按照皇帝旨意處理政務的官員。宋朝有"學士承

旨”“樞密都承旨”等，“承旨”爲加官。

[5]貼黄：負責協助皇帝處理詔旨和奏章的小吏。宋人葉夢得《石林燕語》卷三：“唐制降敕有所更改以紙貼之，謂之貼黄。蓋敕書用黄紙，則貼者亦黄紙也。今奏狀、劄子皆白紙，有意所未盡，揭其要處以黄紙別書於後，乃謂之‘貼黄’，蓋失之矣。其表章略舉事目與日月、道里見於前及封皮者，又謂之引黄。”

[6]敞史：作爲官稱衹見於遼，當是職責寬泛的低級官吏。

[7]郎君：即“舍利”，契丹官名。本書卷一一六《國語解》：“契丹豪民要裹頭巾者，納牛駝十頭，馬百匹，乃給官名曰舍利。”

[8]通事：官名。唐於中書省置通事舍人十六人，從六品上，掌朝見引納、殿庭通奏。四夷入貢，也經由通事舍人轉呈皇帝。後，任此職者多通“四夷”語言。遼襲唐制。

[9]掾史：小吏。宋人洪邁《容齋隨筆》卷一一《南鄉掾史》云：“金石刻有晉南鄉太守司馬整碑，其陰刻掾史以下姓名合三百五十一。”“其冗如此。以晉史考之，南鄉本南陽西界，魏武平荆州，始分爲郡，至晉泰始中所管八縣，才二萬户耳，而掾史若是之多。掾史既然，吏士又可知矣，民力安得不困哉。”

契丹南樞密院，[1]掌文銓、部族、丁賦之政，凡契丹人民皆屬焉。以其牙帳居大内之南，故名南院。元好問所謂“南衙不主兵”是也。

南院樞密使。

知南院樞密使事。

知南院樞密事。

南院樞密副使。

知南院樞密副使事。

同知南院樞密使事。

簽書南樞密院事。

　南院都承旨。

　南院副承旨。

　南院林牙。

　知南院貼黃。

　給事南院知聖旨頭子事。[2]

　掌南院頭子。

　南樞密院敞史。

　南院郎君。

　南樞密院通事。

　南院掾史。

南樞密院中丞司：

　北南樞密院點檢中丞司事。

　總知中丞司事。

　南院左中丞。

　南院右中丞。

　同知中丞司事。

　南院侍御。

[1]契丹南樞密院：遼朝無此機構，下轄機構亦均不存在。遼朝衹有兩個樞密院：北樞密院即契丹樞密院，南樞密院即漢人樞密院。

[2]給事南院知聖旨頭子事：【劉校】"子"字，原作一空白格。修訂本校勘記云，據明抄本、南監本、北監本和殿本補。中華點校本徑補。今從。

北宰相府，掌佐理軍國之大政，皇族四帳世預其選：

 北府左宰相。[1]

 北府右宰相。

 總知軍國事。

 知國事。

南宰相府，掌佐理軍國之大政，國舅五帳世預其選：[2]

 南府左宰相。

 南府右宰相。

 總知軍國事。

 知國事。

[1]北府左宰相：本書本紀、列傳中祗見"北府宰相""南府宰相"，而不見"左宰相"和"右宰相"。契丹官分南、北，南、北當中又分左、右，似與實際不符。

[2]"北宰相府""皇族四帳世預其選"及"南宰相府""國舅五帳世預其選"：【劉校】據中華點校本校勘記，"按本書《紀》《傳》所見，北府宰相多出於國舅五帳，南府宰相多出於皇族四帳。此應是錯簡"。

北大王院，分掌部族軍民之政。

 北院大王，初名迭剌部夷离堇，[1]太祖分北、南院，太宗會同元年改夷离堇爲大王。

 知北院大王事。

北院太師。

北院太保。

北院司徒。

北院司空。

北院郎君。

北院都統軍司，掌北院從軍之政令：

北院統軍使。

北院副統軍使。

北院統軍都監。

北院詳穩司，掌北院部族軍馬之政令：

北院詳穩。[2]

北院都監。

北院將軍。

北院小將軍。

北院都部署司，掌北院部族軍民之事：

北院都部署。

北院副部署。

[1] 迭剌部：契丹部族名。據本書卷三二《營衛志中·部族上》，遙輦氏時期，原來耶律（即世里）有七部，後合併爲一，成爲迭剌部。　夷离堇：契丹部族官名。本書卷一一六《國語解》："夷离堇，統軍馬大官。會同初，改爲大王。"源於突厥語官名"俟斤"（Irkin），突厥各部的最高元首稱"可汗"（Qaghan），其他各部酋長則稱爲俟斤。初，契丹"其君大賀氏，有勝兵四萬，析八部，臣於突厥，以爲俟斤"（《新唐書》卷二一九《契丹傳》）。後，契丹首領自立爲可汗，其下所屬各部酋長則稱爲"俟斤"，亦

即夷离堇。契丹立國後，大部族之夷离堇稱王，小部族之夷离堇則稱爲節度使。舉凡一部之軍政、民政皆由其統掌。參見韓儒林《穹廬集》（上海人民出版社 1982 年版，第 314—316 頁）。

　　[2]詳穩：契丹官名。遼在元帥府下設大詳穩司。本書卷一一六《國語解》："詳穩，諸官府監治長官。""詳穩"即漢語"將軍"的轉譯。【劉注】"詳穩"即漢語"將軍"的轉譯的説法似有值得商榷之處。在契丹小字中，"詳穩"作𘬜，"將軍"作𘬜 𘬜，或𘬜 𘬜、𘬜 𘬜。在契丹大字中，"詳穩"作𘬜 𘬜，"將軍"作𘬜 𘬜。"詳穩"不是漢語"將軍"的轉譯，而是音譯的契丹語，契丹語中"將軍"是漢語借詞。

　　　　南大王院，分掌部族軍民之政：
　　　　　　南院大王。[1]
　　　　　　知南院大王事。
　　　　　　南院太師。
　　　　　　南院太保，天慶八年，省南院太保。
　　　　　　南院司徒。
　　　　　　南院司空。
　　　　　　　　　南院郎君。
　　　　南院都統軍司，掌南院從軍之政令：
　　　　　　南院統軍使。
　　　　　　南院副統軍使。
　　　　　　南院統軍都監。
　　　　南院詳穩（袞）司，掌南院部族軍馬之政令：
　　　　　　南院詳穩（袞）。
　　　　　　南院都監。

南院將軍。

南院小將軍。

南院都部署司，掌南院部族軍民之事：

南院都部署。

南院副部署。

宣徽北院，太宗會同元年置，掌北院御前祗應之事：

北院宣徽使。[2]

知北院宣徽事。

北院宣徽副使。

同知北院宣徽事。

宣徽南院，會同元年置，掌南院御前祗應之事：

南院宣徽使。

知南院宣徽事。

南院宣徽副使。

同知南院宣徽事。

[1]南院大王：【靳校】"院"字，原本作"而"，中華修訂本校勘記云，明抄本、南監本、北監本和殿本作"面"，均誤，故據上下文改。今從改。

[2]宣徽使：遼朝官名。遼設北、南宣徽，分隸北、南樞密院之下，故北面官系統並不再分設北、南兩宣徽院，而祗有一個。宣徽北院使常執行軍事使命。此外，宣徽使還掌領朝會、宴饗、禮儀、祭祀及御前祗應之事。

大于越府，無職掌，[1]班百僚之上，非有大功德者不授，遼國尊官，猶南面之有三公。太祖以遙輦氏于越受禪。終遼之世，以于越得重名者三人：耶律曷魯、屋質、仁先，[2] 謂之三于越。

大于越。

[1] 無職掌：應是“大于越”無職掌，自此以下都是對“大于越”一職的説明，故應移至“大于越”之後。

[2] 耶律曷魯（872—918）：契丹迭剌部人。阿保機“佐命功臣”之一。其父偶思，與阿保機之父撒剌的爲從兄弟。阿保機即位後以曷魯爲“阿魯敦于越”。本書卷七三有傳。　屋質：即耶律屋質（916—973）。遼宗室。字敵輦，會同間，爲惕隱。太宗死後，世宗初立，屋質調解太后與世宗的矛盾，得以避免大規模内戰。天祿二年（948），助世宗挫敗天德、蕭翰等謀反。三年，又表列泰寧王察割陰謀事，世宗不聽。後平定察割之亂及立穆宗，皆有功。本書卷七七有傳。　仁先：即耶律仁先（1012—1072）。契丹皇族。孟父房之後。字糺鄰，小字查剌。重熙三年（1034），補護衛。十一年，升北院樞密副使。與劉六符使宋，定議增歲幣。既還，同知南京留守事。十八年，再舉伐夏，仁先與皇太弟重元爲前鋒。清寧初，爲南院樞密使。九年（1063）重元謀逆，仁先受命討賊。事後，加尚父，進封宋王，爲北院樞密使。本書卷九六有傳。

大惕隱司，太祖置，掌皇族之政教。興宗重熙二十一年耶律義先拜惕隱，[1] 戒族人曰：“國家三父房最爲貴族，凡天下風化之所自出，不孝、不義雖小不可爲。”其妻晉國長公主之女，每見中表必具禮服。義先以身率先，國族化之。遼國設官之實於此可見。太祖有國首設此官，其後百官擇人必先宗姓。

惕隱，亦曰梯里己。

知惕隱司事。

惕隱都監。

[1]二十一年：【劉校】原誤“二十二年”。中華點校本據本書卷二〇《興宗本紀三》重熙二十一年（1052）十二月、卷九〇《耶律義先傳》改。今從改。 耶律義先（1010—1052）：于越仁先之弟。重熙初，補祗候郎君班詳穩。十六年（1047），爲殿前都點檢，討蒲奴里，多所招降，獲其酋長陶得里以歸，以功改南京統軍使，封武昌郡王。二十一年，拜惕隱，進王富春。本書卷九〇有傳。

夷离畢院，掌刑獄：

夷离畢。

左夷离畢。

右夷离畢。

知左夷离畢事。

知右夷离畢事。

敞史。

選底，掌獄。[1]

[1]選底：契丹語官名。即掌獄。爲主獄官。參見本書卷一一六《國語解》。宋亦有掌獄官，負責拷訊。《文獻通考·刑考五·刑制》宋真宗天禧二年（1018）詔：“自今捕盜、掌獄官不稟長吏而捶囚，不甚傷而得情者止以違制失公坐過；差而不得情挾私拷決有所規求者以……違制論。”

大林牙院，掌文翰之事：

　　北面都林牙。

　　北面林牙承旨。

　　北面林牙。

　　左林牙。

　　右林牙。

敵烈麻都司，掌禮儀：

　　敵烈麻都，總知朝廷禮儀。[1]

　　總禮儀事。

[1]總知朝廷禮儀：此爲敵烈麻都的職掌，中華點校本將其另作一行爲官名。按，《遼史》中無"總知朝廷禮儀"這一官職。

文班司，所掌未詳：

　　文班太保。

　　文班林牙。

　　　文班牙署。

　　文班吏。

阿札割只，[1]所掌未詳，遙輦故官後併樞密院：

　　阿札割只。

[1]阿札割只：【靳注】契丹官名。一作阿扎割只。本書卷一一六《國語解》云："阿札割只，官名，位在樞密使下，蓋墩官也。"

北面御帳官

三皇聖人也，[1]當淳朴之世，重門擊柝猶嚴於待暴客。遼之先世未有城郭、溝池、宮室之固，氈車爲營，硬寨爲宮，[2]御帳之官不得不謹。出於貴戚爲侍衛，著帳爲近侍，北南部族爲護衛，武臣爲宿衛，親軍爲禁衛，百官番宿爲宿直奉宸以司供御，[3]三班以肅會朝，[4]硬寨以嚴晨夜。法制可謂嚴密矣。考其凡如左：

侍衛司，掌御帳親衛之事：

　　侍衛太師。

　　侍衛太保。

　　侍衛司徒。

　　侍衛司空。

　　　侍衛。

近侍局：

　　近侍直長。

　　近侍。

　　近侍小底。

近侍詳穩司：

　　近侍詳穩。

　　近侍都監。

　　近侍將軍。

　　近侍小將軍。

北護衛府，掌北院護衛之事，皇太后宮有左右護衛：

北護衛太師。

北護衛太保。

北護衛司徒。

總領左右護衛司：

　　總領左右護衛。

左護衛司：

　　左護衛太保。

　　左護衛。

右護衛司：

　　右護衛太保。

　　右護衛。

南護衛府，掌南院護衛之事：

南護衛太師。

南護衛太保。

南護衛司徒。

總領左右護衛司：

　　總領左右護衛。

左護衛司：

　　左護衛太保。

　　左護衛。

右護衛司：

　　右護衛太保。

　　右護衛。

奉宸司，掌供奉宸御之事：

官名未詳。

奉宸。

三班院，掌左、右寄班之事：

　　左班都知。

　　右班都知。

　　寄班都知。

　　　三班院祗候。

宿衛司，專掌宿衛之事：

　　總宿衛事，亦曰典宿衛事。

　　總知宿衛事。

　　同掌宿衛事。

　　　宿衛官。

　禁衛局：

　　　總禁衛事。

　　　禁衛長。

宿直司，掌輪直官員宿直之事，皇太后宮有宿
直官：

　　宿直詳穩。

　　宿直都監。

　　宿直將軍。

　　宿直小將軍。

　　　宿直官。

　　宿直護衛。

硬寨司，掌禁圍槍寨、下鋪、傳鈴之事：

　　硬寨太保。

皇太子惕隱司，掌皇太子宮帳之事：

皇太子惕隱。

[1]三皇：傳説中的上古帝王。所指説法不一。晉人皇甫謐所撰之《帝王世紀》依孔安國説，以伏羲、神農、黄帝爲三皇。

[2]硬寨爲宫：即將作爲皇宫的"捺鉢"打造成防守堅固的營壘。硬寨指防禦堅固的營壘。南宋李綱《梁谿集》卷七三《收降到馬友下潰兵步諒等奏狀》言及湖南步諒潰兵的硬寨："其步諒等於衡山縣界吴集市扎成硬寨，栽埋鹿角，建置木柵，將吴集市左側民居盡皆焚蕩，差發人兵四散虜掠。"

[3]奉宸以司供御："宸"是帝王的代稱。奉宸司是專門負責供奉皇帝飲食起居的機構。

[4]三班：【劉注】宋代官制。以供奉官、左右班殿直爲三班，後亦以東西供奉，左右侍禁及承旨借職爲三班。宋人曾鞏《再議經費札子》："國初承舊，以供奉官、左右班殿直爲三班，立都知、行首領之，又有殿前承旨，班院別立行首領之；端拱以後，分東西供奉，又置左、右侍禁及承旨借職，皆領於三班，三班之稱亦不改。"宋人崔公度《金華神記》卷二："汴人有吴生者，世爲富人，而生以娶宗女，得官於三班。"遼倣宋制，分左、右班與寄班，掌御帳侍應之事。

北面著帳官

古者刑人不在君側，叛逆家屬没爲著帳，[1]執事禁衛可爲寒心，此遼世所以多變起肘掖歟。[2]

著帳郎君院，遙輦痕德菫可汗以蒲古只等三族害于越室魯，[3]家屬没入瓦里，[4]應天皇太后知國政析出之，[5]以爲著帳郎君、娘子，每加矜恤，世宗悉免之。其後内族、外戚及世官之家犯罪者皆没入瓦里，[6]人户益衆，因復故名。皇太后、皇太妃帳，皆有著帳諸局。

　　著帳郎君節度使。[7]

　　著帳郎君司徒。

祗候郎君班詳穩司：

　　祗候郎君班詳穩。

　　祗候郎君直長。

　　祗候郎君閘撒狨。

　　　祗候郎君。

　　　祗候郎君拽剌。[8]

左祗候郎君班詳穩司：

　　左祗候郎君班詳穩。

　　左祗候郎君直長。

　　左祗候郎君閘撒狨。

　　　左祗候郎君。

　　　左祗候郎君拽剌。

右祗候郎君班詳穩司：

　　右祗候郎君班詳穩。

　　右祗候郎君直長。

　　右祗候郎君閘撒狨。

　　　右祗候郎君。

　　　右祗候郎君拽剌。

　筆硯局：

　　　筆硯祗候郎君。

　　　筆硯吏。

　牌印局：

牌印郎君。

祸褥局：

祸褥郎君。

燈燭局：

燈燭郎君。

牀幔局：

牀幔郎君。

殿幄局：

殿幄郎君。

車輿局：

車輿郎君。

御盞局：

御盞郎君。

本班局：

本班郎君。

皇太后祇應司：

領皇太后諸局事。

知皇太后宮諸司事。

皇太妃祇應司。

皇后祇應司。

近位祇應司。

皇太子祇應司。

親王祇應司。

著帳戶司，本諸斡魯朵戶析出及諸色人犯罪没入。

凡御帳、皇太后、皇太妃、皇后、皇太子、近位、親王祇從、伶官皆充其役。[9]

　　著帳節度使。

　　著帳殿中。

　　承應小底局：

　　　　筆硯小底。[10]

　　　　寢殿小底。

　　　　佛殿小底。

　　　　司藏小底。

　　　　習馬小底。

　　　　鷹坊小底。

　　　　湯藥小底。

　　　　尚飲小底。

　　　　盥漱小底。

　　　　尚膳小底。

　　　　尚衣小底。

　　　　裁造小底。

　　[1]没爲著帳："没"即"籍没"，依照中國古代法律，登記罪犯所有的家産，予以没收，稱爲"籍没"。遼代的籍没之法，還包括將犯罪者親屬收爲官奴婢，即所謂著帳人户。

　　[2]變起肘掖：遼朝以罪犯家屬、著帳户在宮中服役，甚至擔任禁衛，這是古昔相傳的老規矩，不獨遼朝爲然，商周時期亦然。這些侍者、禁衛整天和皇帝生活在一起，最切近，故被喻爲"肘掖"。《遼史·穆宗本紀贊》所説的"變起肘掖"，指穆宗被近侍小哥等六人殺害事件。這些近侍、著帳户均是皇帝的奴僕，非自由人。

[3]蒲古只：本書卷七五《耶律鐸臻傳》："耶律鐸臻，字敵輦，六院部人。祖蒲古只，遙輦氏時再爲本部夷离菫。耶律狼德等既害玄祖，暴橫益肆。蒲古只以計誘其黨，悉誅夷之。"中華校點本卷六六校勘記引錢大昕《廿二史考異》云："帖剌、蒲古只、匣馬葛爲一人三名。"

[4]没入瓦里：本書卷一一六《國語解》："瓦里，官府名，宮帳、部族皆設之。凡宗室、外戚、大臣犯罪者，家屬没入於此。"另據本書卷三一《營衛志上》：諸宮衛轄"石烈二十三，瓦里七十四，抹里九十八"。由此可知"瓦里"衹是部族組織中小於石烈、大於抹里的單位。"没入瓦里"的貴族，實際上是交契丹民衆監管。

[5]應天皇太后（879—953）：即阿保機妻述律氏。漢名平，小字月里朶。其先爲回鶻人。本書卷七一有傳。

[6]内族、外戚及世官之家犯罪者：内族指的是耶律氏，此循金修《遼史》之例。據《金史》卷五九《宗室表》："金人初起完顏十二部，其後皆以部爲氏，史臣記録有稱'宗室'者，有稱完顏者。稱完顏者亦有二焉，有同姓完顏，蓋疏族，若石土門、迪古乃是也；有異姓完顏，蓋部人，若歡都是也。大定以前稱'宗室'，明昌以後避睿宗諱稱'内族'，其實一而已，書名不書氏，其制如此。"遼之耶律氏不入宗室屬籍者，稱"庶耶律"，如本書卷八九《耶律庶成傳》，此人本是季父房之後，"爲妻胡篤所誣，以罪奪官，絀爲庶耶律"。【劉校】犯罪者，原本誤作"罪犯者"。中華點校本依本書卷三一《營衛志上》著帳郎君條及文義改。今從改。

[7]著帳郎君節度使：紀、傳各卷均無關於此官名的記載，著帳郎君院的其他職官名也多是這種情況。因此這些官職是否存在無從證明。

[8]拽剌：契丹官名。契丹語"走卒"謂之"拽剌"，後爲軍官名。有掌旗鼓者，稱"旗鼓拽剌"，還有專司偵候、探報等職者。

[9]皇后：【劉校】"后"原本作"太"，中華修訂本據明抄本、南監本、北監本、殿本改。今從改。

[10]小底：遼宮中的雜役。據宋代余靖《武溪集》卷一八《契丹官儀》："十宮院人呼小底如官奴婢之屬也。"各類小底都由宮戶、著帳戶充，他們都不是官。

北面皇族帳官

蕭祖長子洽眘之族在五院司，[1]叔子葛剌、季子洽禮及懿祖仲子帖剌、季子裏古直之族皆在六院司，[2]此五房者謂之二院皇族。玄祖伯子麻魯無後，[3]次子巖木之後曰孟父房，叔子釋魯曰仲父房。季子爲德祖，[4]德祖之元子是爲太祖天皇帝，謂之橫帳，次曰剌葛，[5]曰迭剌，[6]曰寅底石，[7]曰安端，[8]曰蘇，[9]皆曰季父房。此一帳三房謂之四帳皇族。二院治之以北、南二王，四帳治之以大內惕隱，皆統於大惕隱司。

大內惕隱司，[10]掌皇族四帳之政教：

    大內惕隱。

    知大內惕隱事。

    大內惕隱都監。

大橫帳常袞司，掌太祖皇帝後九帳皇族之事：

    橫帳常袞，亦曰橫帳敞穩。

    橫帳太師。

    橫帳太保。

    橫帳司空。

    橫帳郎君。

    橫帳知事。

孟父族帳常袞司，掌蜀國王巖木房族之事。

仲父族帳常袞司，掌隋國王釋魯房族之事。

季父族帳常袞司，掌德祖皇帝三房族之事。

四帳都詳穩司，掌四帳軍馬之事。

都詳穩。

都監。

將軍，本名敞史。

小將軍。

橫帳詳穩司。

孟父帳詳穩司。

仲父帳詳穩司。

季父帳詳穩司。

舍利司，掌皇族之軍政：

舍利詳穩。

舍利都監。

舍利將軍。

舍利小將軍。

舍利。

梅里。

親王國，[11]官制未詳：

王府近侍。

王府祇候。

大東丹國中臺省，[12]太祖天顯元年置，乾亨四年聖宗省：[13]

左大相。

右大相。

左次相。

右次相。

王子院，掌王子各帳之事：

王子太師。

王子太保。

王子司徒。

王子司空。

王子班郎君。

駙馬都尉府，掌公主帳宅之事：

駙馬都尉。

［1］肅祖：遼太祖耶律阿保機之高祖耨里思的廟號。重熙二十一年（1052）七月追封。 五院：契丹部族名。天贊元年（922），以迭剌部強大難制，析五石烈爲五院，六爪爲六院，各置夷离堇。會同元年（938），更夷离堇爲大王，部隷北府，以鎮南境。

［2］懿祖：遼太祖耶律阿保機的曾祖父薩剌德的廟號。重熙二十一年七月追封。

［3］玄祖：遼太祖耶律阿保機祖父匀德實的廟號。重熙二十一年七月追封。本書卷五九《食貨志上》載："匀德實爲大迭烈府夷离堇，喜稼穡，善畜牧，相地利以教民耕。"

［4］德祖：阿保機父親撒剌的的廟號。重熙二十一年七月追封。

［5］剌葛：阿保機之弟。排行第二。關於他與諸弟謀作亂事，《通鑑》卷二七〇後梁均王貞明四年（918）追述其事云："初，契丹主之弟撒剌阿撥號北大王，謀作亂於其國。事覺，契丹主數之曰：'汝與吾如手足，而汝興此心，我若殺汝，則與汝何異！'乃囚之期年而釋。撒剌阿撥帥其衆奔晉，晉王厚遇之，養爲假子，任爲刺史。"天祐十五年（918），晉軍渡河攻汴州，與梁戰於胡柳，失利，撒剌携妻子奔梁。另據本書卷六四《皇子表》，剌葛後南竄。

可見所謂"撒剌阿撥"可能就是剌葛，後爲唐莊宗李存勗所殺。《通鑑》卷二七二後唐莊宗同光元年（923）冬十月詔："契丹撒剌阿撥叛兄棄母，負恩背國，宜與［趙］巖等並族誅於市。"

[6]迭剌：阿保機弟。排行第三。聰明過人，是契丹小字的創製者，曾參與其兄剌葛謀反。

[7]寅底石：阿保機之弟。字阿辛，排行第四。參與叛亂，太祖釋之，封許國王。太祖命其輔東丹王，淳欽皇后述律氏遣司徒劃沙殺之於路。

[8]安端：阿保機弟。排行第五，也曾參與"謀反"。世宗天禄初，賜號"明王"，成爲東丹國的統治者。

[9]蘇（？—926）：即阿保機幼弟。神册五年（920）爲惕隱。次年，爲南府宰相。據本書卷六四《皇子表》，滄州節度使劉守文求救，蘇曾奉阿保機之命，前去解滄州之圍。天顯元年（926），從太祖征渤海還，卒。

[10]大内惕隱司：【劉校】據中華點校本校勘記，馮家昇《遼史初校》載，大内惕隱司即大惕隱司。

[11]親王國：遼朝親王封某國王，如隋國王、陳國王等，其領地是他管轄下的頭下州，行政長官是節度使。遼朝沒有兩漢那樣據有一定獨立性的封國。

[12]東丹國：天顯元年（926）正月，耶律阿保機率軍攻入渤海王都忽汗城，滅掉了號稱"海東盛國"的渤海國。《五代會要》卷二九《契丹》記載："天成元年九月，攻渤海國扶餘城，下之，命其長子突欲爲國主，號東丹王。"天成元年即遼天顯元年。此處記作九月，可能是直至當年九月，消息纔傳到中原。阿保機以渤海故地建東丹國，並以其長子耶律倍爲東丹王，賜天子冠服，建元"甘露"。東丹建立之初仍都忽汗城，改稱天福城。耶律倍（899—936）是阿保機與述律氏的長子，又名圖欲（突欲），是當時契丹王朝的第三號人物。阿保機死後，其母述律氏立德光，德光怕東丹王耶律倍與渤海遺民聯合起來反對他，趁東丹王奔喪滯留上京期間，

納東丹國中臺省右次相耶律羽之成心腹。天顯二年，羽之升任左大相，取得了東丹的最高權力。羽之建議將東丹遺民遷徙至遼東地區。天顯三年十二月詔令，由羽之負責遷徙東丹的渤海遺民實東平（今遼寧省遼陽市）。當時，許多渤海人拒不服從，紛紛逃向新羅、女真境內。契丹不得已仍在形式上保留東丹政權，並升東平郡爲南京，設立東丹國機構，統治遷徙到其地的渤海人。除此之外，契丹統治者還把大批渤海人遷徙到遼西等地。德光部署既定，始於天顯五年四月放耶律倍回到南京。後唐明宗得知耶律倍不見容於德光，便遣使持書越海與倍秘密聯繫。倍應後唐之召，於天顯五年十一月，偷偷率部曲四十人離開遼南京，由遼東半島南端渡海，到達後唐境內的登州（今山東省蓬萊市）。後唐明宗賜其姓名李贊華。清泰三年（遼天顯十一年，936）石敬瑭率軍攻入洛陽，後唐末帝李從珂約倍與之同死，倍不從，遇害。

[13]乾亨四年聖宗省：此處“四年”二字，原誤“元年”，今從中華點校本改。按，本書卷一〇《聖宗本紀》乾亨四年十二月“庚辰，省置中臺省官”，是減省官吏員額。同卷，統和二年十二月辛丑以“大仁靖東京中臺省右平章事”。此事證明當時中臺省機構猶存。

北面諸帳官

遼太祖有帝王之度者三：代遙輦氏，[1]尊九帳於御營之上，[2]一也；滅渤海國，[3]存其族帳，亞於遙輦，二也；併奚王之衆，[4]撫其帳部擬於國族，[5]三也。有英雄之智者三：任國舅以耦皇族、崇乙室以抗奚王、列二院以制遙輦是已。[6]觀“北面諸帳官”可以見之矣。

遙輦九帳大常袞司，掌遙輦洼可汗、阻午可汗、胡剌可汗、蘇可汗、鮮質可汗、昭古可汗、耶瀾可汗、巴剌可汗、痕德菫可汗九世宮分之事。[7]太祖受位于遙輦，以九帳居皇族一帳之上，設常袞司以奉之，有司不與焉。凡遼十二宮、五京，皆太祖以來征討所得，非受之於遙輦也。其待先世之厚，蔑以加矣。遼俗東嚮而尚左，御帳東嚮，遙輦九帳南嚮，皇族三父帳北嚮。東西爲經，南北爲緯，故謂御營爲橫帳云。

大常袞，亦曰敞穩。

遙輦太師。

遙輦太保。

遙輦太尉。

遙輦司徒。

遙輦司空。

遙輦侍中，一作世燭，太宗會同元年置。

敞史。

知事。

遙輦帳節度使司：

節度使。

節度副使。

遙輦糺詳穩司：

遙輦糺詳穩。[8]

遙輦糺都監。

遙輦糺將軍。

遙輦糺小將軍。

遙輦剋，官名未詳。

大國舅司，掌國舅乙室己、拔里二帳之事。太宗天顯十年合皇太后二帳爲國舅司；[9]聖宗開泰三年又併乙室己、拔里二司爲一帳。

乙室己國舅大翁帳常袞，一作敞穩。

乙室己國舅小翁帳常袞。

拔里國舅大父帳常袞。

拔里國舅少父帳常袞。

國舅太師。

國舅太保。

國舅太尉。

國舅司徒。

國舅司空。

敞史，太宗會同元年改郎君爲敞史。

知事。[10]

國舅乙室己大翁帳詳穩司：

國舅詳穩。

國舅都監。

國舅本族將軍。

國舅本族小將軍，興宗重熙五年樞密院奏，國舅乙室己小翁帳敞史，[11]准大橫帳洎國舅二父帳改爲將軍。

國舅乙室己小翁帳詳穩司。

國舅拔里大父帳詳穩司。

國舅拔里少父帳詳穩司。

國舅夷离畢司。

國舅夷离畢。

國舅左夷离畢。

國舅右夷离畢。

敞史。

國舅帳剋。

國舅別部，世宗置，官制未詳：

國舅別部敞史，聖宗太平八年見國舅別部
敞史蕭塔葛。[12]

渤海帳司，官制未詳：

渤海宰相。

渤海太保。

渤海撻馬。

渤海近侍詳穩司。

奚王府。

乙室王府並見部族官。

[1]遙輦氏：契丹氏族。開元二十三年（735），可突于殘黨泥
禮殺李過折，立阻午可汗，傳九世，至907年阿保機建國。遙輦九
可汗繼位後各建宮衛，遼朝立國後，有遙輦九帳大常袞司之設，掌
遙輦九世宮分之事務。

[2]御營：即遼朝皇帝的宮帳，如太祖宮帳弘義宮等。

[3]渤海：靺鞨粟末部在今東北地區建立的政權。唐武后聖曆
元年（698），靺鞨粟末部首領大祚榮建立振國（亦稱震國）。唐玄
宗先天二年（713，當年12月改元"開元"）遣使封大祚榮爲左驍
衛大將軍、渤海郡王，又設置忽汗州，加授大祚榮爲忽汗州大都
督，並改稱渤海。寶應元年（762）晉爲國。天顯元年（926）爲
遼所滅，改稱東丹。【劉注】渤海國最初的國號爲"靺鞨"，不爲
"震國"或"振國"。《新唐書》卷二一九《渤海傳》："睿宗先天中

（應爲‘玄宗先天二年’），遣使拜祚榮爲左驍衛大將軍、渤海郡王。以所統爲忽汗州，領忽汗都督，自是始去靺鞨之號，專稱渤海”，這裏不稱“始去震國之號，專稱渤海”而稱“始去靺鞨之號，專稱渤海”。可見，稱“大祚榮建立震國”是混淆了封號與國號的區別。《新唐書》卷二一九《渤海傳》稱“武后封乞四比羽爲許國公，乞乞仲象（大祚榮之父）爲震國公”。“許國公”和“震國公”都是封號，並不意味着有“許國”“震國”等政權。乞乞仲象死後，他兒子大祚榮繼承了“震國公”的封號，但他不滿足“公”級別，所以“自號震國王”。“震國王”僅僅是封號，並不意味着有“震國”。少數民族往往以其民族名爲國號，如“契丹”“蒙古”等。渤海也應如此。

[4]奚王：對奚部族首領的稱呼。據《五代會要》卷二八《奚》：“奚，本匈奴別種，即東胡之地，人物風俗與突厥同。族有五姓：一曰阿會部，管縣六；二曰啜米部，管縣四；三曰奧質部，管縣六；四曰奴皆部，管縣四；五曰黑訖支部，管縣三。每部有刺史，每縣有令，酋長號奚王。”此奚王是被契丹降伏以後的奚部族酋長。《新五代史》卷七四《四夷附錄第三》所記奚各部名稱與《五代會要》相同：奚“分爲五部：一曰阿薈部，二曰啜米部，三曰粵質部，四曰奴皆部，五曰黑訖支部。後徙居琵琶川，在幽州東北數百里。地多黑羊，馬虰前蹄堅善走，其登山逐獸，下上如飛”。奚本來衹有五部，阿保機降伏五部奚之後設置墮瑰部，而成六部。詳見本書卷三三《營衛志下·部族下》。

[5]擬於國族：【劉校】“擬”原本作“撫”，據中華修訂本校勘記，依明抄本、南監本、北監本和殿本改。中華點校本徑改。今從改。

[6]乙室：契丹部族名。遙輦氏阻午可汗時始置爲部。隸南府，駐守西南之境。

[7]昭古可汗：【劉校】據中華點校本校勘記，本書卷七九《耶律阿没里傳》作“嘲古可汗”。

　　[8]乣：【劉注】正確寫法應作"纠"。是混入漢字中的契丹大字。《北大王墓誌銘》和《耶律昌允墓誌銘》等契丹大字碑刻中都出現纠字。例如《耶律昌允墓誌銘》第二行有乍岌兆 纠朷竿 出犃 吊，爲漢語借詞"左千牛衛上將軍"的音譯。兆 纠爲漢字"牛"的音譯。纠相當於漢字"牛"的韻母，從而知道它讀 iou。至於其字義尚待解讀。

　　[9]國舅司：掌管外戚事務的機構。與皇族通婚的蕭氏，即隋唐時期的乙室己部和拔里部，被稱爲"審密"，又稱孫氏，後來的蕭氏爲其異譯。參見蔡美彪《遼代后族與遼季后妃三案》（《歷史研究》1994年第2期）。

　　[10]知事：【劉校】原在"敞史"一行之末，據中華點校本校勘記，依遙輦大常衮司之例，改另行。

　　[11]國舅乙室己小翁帳：【劉校】據中華點校本校勘記，"《紀》重熙五年正月作乙室小功帳"。

　　[12]聖宗太平八年，見國舅別部敞史蕭塔葛：【劉校】"舅別部"三字原脱，中華點校本據上文補。今從。又按本書卷六七《外戚表序》："世宗以舅氏塔列葛爲國舅別部。"卷九〇《蕭塔剌葛傳》："世宗即位，以舅氏故，補國舅別部敞史。"此言"聖宗太平八年"，相距八十餘年，未合。或爲另一人。

北面宮官

　　遼建諸宮斡魯朶，部族蕃戶統以北面宮官。[1]具如左。

　　諸行宮都部署院，總契丹漢人諸行宮之事：

　　　　諸行宮都部署。[2]

　　　　知行宮諸部署司事。

　　　　諸行宮副部署。

　　　　諸行宮判官。

契丹行宮都部署司，總行在行軍諸斡魯朵之政令：

    契丹行宮都部署。

    知契丹行宮都部署事。

    契丹行宮副部署。

    契丹行宮判官。

行宮諸部署司，掌行在諸宮之政令：

    行宮都部署。

    行宮副部署。

    行宮部署判官。

十二宮職名總目：

某宮：

    某宮使。

    某宮副使。

    某宮太師。

    某宮太保。

    某宮侍中，太宗會同元年置，亦曰世燭。

  某宮都部署司，掌本宮契丹軍民之事：

    某宮都部署。

    某宮副部署。

    某宮判官。

  某宮提轄司，官制未詳：

  某宮馬群司：

    侍中。

    敞史。

  某石烈，石烈，縣也：

夷离堇，本名彌里馬特本，改辛袞，會同元年升。

麻普，本名達刺干，會同元年改。

牙書，會同元年置。[3]

某瓦里，内族、外戚、世官犯罪，没入瓦里：

抹鶻。

某抹里。

闡撒狨。

某得里，官名未詳。

太祖弘義宫。

太宗永興宫。

世宗積慶宫。

應天皇太后長寧宫。

穆宗延昌宫。

景宗彰愍宫。

承天皇太后崇德宫。

聖宗興聖宫。

興宗延慶宫。

道宗太和宫。

天祚永昌宫。

孝文皇太弟敦睦宫。

文忠王府。

已上十二宫一府部署、提轄、石烈、瓦里、抹里、得里等，[4]並見《營衛志》。

押行宫輜重夷离畢司，掌諸宫巡幸扈從輜重之事：

夷离毕。

敵史。

[1]部族蕃户统以北面宫官：遼的諸宫斡魯朵是"析部族"而成，即從某些部族中分出若干個石烈、瓦里等單位組成。"部族蕃户"亦即從諸部族中分出而隸屬斡魯朵的蕃户，由北面諸宫官統轄。

[2]行宫：亦稱行帳，即遼帝轉徙隨時的車帳組成的朝廷。契丹語稱"捺鉢"。遼中葉逐漸形成"四時捺鉢"制度。 行宫都部署：遼北面行宫官。遼在北南面官系統中，分別設契丹行宫都部署和漢人行宫都部署，其上則有諸行宫都部署。行宫都部署完全是做中原王朝官制設置的，它不同於專管斡魯朵事務的某宫都部署的宫官。宋朝皇帝巡幸亦有行宫，且亦有行宫都部署之設。後避英宗趙曙名諱，改稱行宫都總管。

[3]"麻普"及"牙書"：【劉校】中華點校本校勘記云，"按《紀》會同元年十一月，麻普作馬步，牙書作牙署"。下卷《部族職名總目》云："麻普，亦曰馬步。"

[4]得里：【靳校】原本脱"里"字，中華修訂本校勘記云，據上下文補。中華點校本徑補。今從。

（李錫厚注 劉鳳翥校）

遼史　卷四六

志第十六

百官志二

北面部族官[1]

部族，詳見《營衛志》。設官之制具如左。

部族職名總目。

大部族：

某部大王，本名夷离菫。

某部左宰相。

某部右宰相。

某部太師。

某部太保。

某部太尉。

某部司徒，本名惕隱。

某部節度使司：

某部節度使。

某部節度副使。

　　　　某部節度判官。
　　某部族詳穩司：
　　　　某部族詳穩。
　　　　某部族都監。
　　　　某部族將軍。
　　　　某部族小將軍。
　　某石烈：[2]
　　　　某石烈夷离堇。
　　　　某石烈麻普，亦曰馬步，本名石烈達剌干。[3]
　　　　某石烈牙書。[4]
　　某彌里，彌里，鄉也：
　　　　　辛袞，本曰馬特本。

　　[1]北面部族官：這一卷非《遼史》舊稿，是元修《遼史》新增，據本書《營衛志·部族》及《國語解》等編排而成。遼朝有官分南、北之制，專指中央官。上朝時，御座東向，大臣在殿前分列南、北，故有南、北面官。部族官不上朝，其上冠以"北面"，表明元人不諳遼朝官制。
　　[2]石烈：構成部族的小組織。相當於縣。
　　[3]達剌干：契丹官名。本書卷一一六《國語解》："達剌干，縣官也，後陞副使。"
　　[4]牙書：契丹官名。本書卷一一六《國語解》："牙署，官名。疑即牙書，石烈官也。"

　　小部族：
　　　某部族司徒府：
　　　　某部族司徒。

某部族司空。

某部族節度使司。

某部族詳穩司。

某石烈：

　令穩。[1]

　麻普。

　牙書。

某彌里：

　辛袞。

[1]令穩：音譯的契丹語官名。據本書卷三三《營衛志下》：
"太祖更諸部夷离堇爲令穩。統和中，又改節度使。"

　五院部，有知五院事，在朝曰北大王院。

　六院部，有知六院事，在朝曰南大王院。[1]

　乙室部，[2]在朝曰乙室王府。有乙室府迪骨里節度
使司。

　奚六部，[3]在朝曰奚王府。有二常袞，有二宰相，
又有吐里太尉，有奚六部漢軍詳穩，[4]有奚拽剌詳穩，[5]
有先離撻覽官。

　　已上四大王府，爲大部族。

[1]北大王院、南大王院：遼太祖阿保機以迭剌部強大難制，
天贊元年（922）析該部五石烈爲五院，六爪爲六院。五院部在朝
曰北大王院，六院部在朝曰南大王院，各置夷离堇爲首領。會同元
年（938），又更夷离堇爲大王，即北院大王、南院大王。

[2]乙室部：契丹部族名。爲太祖阿保機時期二十部之一，統以本部夷离堇。會同二年（939），該部夷离堇稱大王，隸南府。其大王及都監率部鎮守西南境，負責防禦西夏。

[3]奚六部：參見本書卷五《世宗紀》奚王條注釋。

[4]漢軍：也稱"漢兵"。遼朝有衆多的漢軍，其中有阿保機收編的"山北八軍"以及趙延壽的軍隊。此外，遼朝還有自己按照中原軍隊編制組建的漢軍，其中最重要的是燕京等地的禁軍。據《資治通鑑長編》卷五五宋真宗咸平六年（1003）七月己酉記李信云："國中所管幽州漢兵，謂之神武、控鶴、羽林、驍武等，約萬八千餘騎。"其中"羽林""控鶴"是唐、五代禁軍舊有的名號。因此可以斷定李信所説的遼燕京的"漢兵"就是戍衛京城的禁軍。

[5]拽剌：契丹官名。契丹語"拽剌"爲走卒之意，後爲軍官名。有掌旗鼓者，稱"旗鼓拽剌"，還有專司偵候、探報等職者。

品部。[1]

楮特部。[2]

烏隗部。[3]

突呂不部。[4]

突舉部。[5]

涅剌部。[6]

遙里部。[7]

伯德部。[8]

墮瑰部。[9]

楚里部。[10]

奧里部。[11]

南尅部。

北尅部。[12]

突呂不室韋部。[13]

涅剌拏古部。[14]

迭剌迭達部。[15]

乙室奧隗部。[16]

楮特奧隗部。[17]

品達魯虢部。[18]

烏古涅剌部。[19]

圖魯部。[20]

撒里葛部。[21]

窈爪部。

耨盌爪部。

訛僕括部。[22]

特里特勉部。[23]

稍瓦部。[24]

曷术部。[25]

隗衍突厥部。

奧衍突厥部。[26]

涅剌越兀部。[27]

奧衍女直部。

乙典女直部。[28]

斡突盌烏古部。[29]

迭魯敵烈部。[30]

大黄室韋部。

小黄室韋部，二黄室韋閭林改爲僕射。[31]

术哲達魯虢部。[32]

梅古悉部。[33]

頡的部。

匿訖唐古部。

北唐古部。

南唐古部。

鶴剌唐古部。

河西部。[34]

北敵烈部。

薛特部。[35]

伯斯鼻骨 ［德］ 部。

達馬鼻骨 ［德］ 部。[36]

五國部。

　　已上四十九節度，[37] 爲小部族。

　　[1]品部：又作品卑部。創建於阻午可汗之時，隸北府。本書
卷一三《聖宗本紀四》載統和十五年（997）二月“勸品部富民出
錢以贍貧民”。同月又“詔品部曠地令民耕種”。
　　[2]楮特部：契丹部族名。阻午可汗以其營爲部。隸南府。
【劉注】《蕭孝恭墓誌銘》作初魯得部。這一部的人都姓蕭，如蕭
孝恭、蕭孝資以及本書卷九六的蕭德、蕭惟信等。
　　[3]烏隗部：據本書卷三三《營衛志下·部族下》，烏隗部亦
稱奧隗部，是契丹古老的部族組織。此外，契丹還有乙室奧隗部和
楮特奧隗部，均係以所俘奚人設置。都活動於東京轄區。
　　[4]突呂不部：契丹部族名。據本書卷三三《營衛志下》，該
部爲太祖二十部之一，創建於阻午可汗之時，隸北府，節度使屬西
北路招討司，司徒居長春州西。
　　[5]突舉部：又突軌部。契丹阻午可汗時期部族名。據本書卷

三三《營衞志下·部族下》，太祖二十部中的突呂不部："其先曰塔古里，領三營。阻午可汗命分其一與弟航斡爲突舉部；塔古里得其二，更爲突呂不部。隸北府，節度使屬西北路招討司，司徒居長春州西。"

[6]涅剌部：其先曰涅勒，阻午可汗分其營爲部。節度使屬西南路招討司，居黑山北，司徒居郝里河側。

[7]遙里部：被契丹征服的奚族部落。

[8]伯德部：被契丹征服的奚族部落。

[9]墮瑰部：奚原爲五部，被契丹征服後建墮瑰部，成六部奚。

[10]楚里部：被征服的奚族部落。

[11]奧里部：被征服的奚族部落。

[12]"南剋部"及"北剋部"：據本書卷一一六《國語解》："北剋、南剋，掌軍官名。猶漢南北軍之職。"

[13]突呂不室韋部：本名大、小二黃室韋户。太祖爲達馬狨沙里，以計降之，乃置爲二部。隸北府，節度使屬東北路統軍司，戍泰州東北。

[14]涅剌拏古部：附屬於涅剌部的以被俘拏古部人户建立的部族。

[15]迭剌迭達部：本鮮質可汗所俘奚七百户，太祖即位，以爲十四石烈，置爲部。隸南府，節度使屬西南路招討司，戍黑山北，部民居慶州南。

[16]乙室奧隗部：係以所俘奚人設置。活動於東京轄區。

[17]楮特奧隗部：係以所俘奚人設置。活動於東京轄區。

[18]品達魯虢部：附屬於品部的以被俘達魯虢人户建立的部族。本書卷九五《耶律適禄傳》，遼末"加泰州觀察使，爲達魯虢部節度使"。達魯虢應是活動於上京東北部的部族。

[19]烏古涅剌部：附屬於涅剌部的以被俘烏古人户建立的部族。

[20]圖魯部：據本書卷三三《營衞志下》："太祖取于骨里户六

千，神册六年，析爲烏古涅剌及圖魯二部。俱隸北府，節度使屬西南路招討司。”按“于骨里”即烏古。

[21]撒里葛部：據本書卷三三《營衛志下》，與窈爪、耨盌爪俱爲奚三營，“太祖伐奚，乞降，願爲著帳子弟，籍於宮分，皆設夷离堇。聖宗各置爲部，改設節度使，皆隸南府，以備畋獵之役。居澤州東”。

[22]訛僕括部：據本書卷三三《營衛志下》：“與撒里葛三部同。居望雲縣東。”按望雲縣，治所在今河北省赤城縣北。

[23]特里特勉部：據本書卷三三《營衛志下》，該部“初於八部各析二十户以成奚，偵候落馬河及速魯河側，置二十詳穩。聖宗以户口蕃息，置爲部”。又卷三二《營衛志中》稱其與稍瓦、曷术同爲“部而不族者”。他們原本就是遼朝統治者以行政手段造成的部族。由一部分人户或以諸宮衛及橫帳大族的奴隸構成而並非由氏族組成的部落，朝廷不賜予他們“耶律”和“蕭”這樣的姓氏，所以是“部而不族”，這一類，較奚和室韋的地位低。

[24]稍瓦部：據本書卷三三《營衛志下》：“初，取諸宮及橫帳大族奴隸置稍瓦石烈，稍瓦，鷹坊也，居遼水東，掌羅捕飛鳥。聖宗以户口蕃息置部。節度使屬東京都部署司。”

[25]曷术部：據本書卷三三《營衛志下》：“初，取諸宮及橫帳大族奴隸置曷术石烈，曷术，鐵也，以冶於海濱柳濕河、三黜古斯、手山。聖宗以户口蕃息置部。屬東京都部署司。”

[26]“隗衍突厥部”及“奥衍突厥部”：都是受契丹統治的突厥汗國瓦解後的餘部。據本書卷三三《營衛志下》：“隗衍突厥部。聖宗析四閨沙、四頗億户置，以鎮東北女直之境。”“奥衍突厥部。與隗衍突厥同。”

[27]涅剌越兀部：據本書卷三三《營衛志下》，“以涅剌室韋户置”，即該部是涅剌部轄下的部族。

[28]“奥衍女直部”與“乙典女直部”：都是聖宗以女直户置。

[29]斡突盌烏古部：即該部是以被俘烏古人户所置，並隸屬窩篤盌斡魯朵。斡突盌，又作"窩篤盌"，是興宗延慶宮所轄斡魯朵之名。

[30]迭魯敵烈部：敵烈是西部地區叛服不常的大部族。契丹以其被俘人户建迭魯敵烈部。

[31]"大黃室韋部"及"小黃室韋部"：部族名。據本書卷三三《營衛志下》小黃室韋實即突呂不室韋的一部分，本名大、小二黃室韋户。阿保機爲撻馬狨沙里時，以計降伏大、小黃室韋，並且仍置爲二部。據中華點校本校勘記，即突呂不室韋、涅剌拏古二部。檢該二部已見上文，此是重出。

[32]术哲達魯虢部：與品達魯虢同，以俘户置。

[33]梅古悉部：據本書卷三三《營衛志下》："聖宗以唐古户置。"以下頡的部、匿訖唐古部、北唐古部、南唐古部、鶴剌唐古部同。"唐古"又作"唐古特"，即吐蕃。

[34]河西部：晚唐直至宋初，河西地區除沙州歸義軍治下的漢族之外，還有吐蕃、回鶻等族在這一地區活動。遼以俘獲的河西各族人户建河西部。

[35]薛特部：據本書卷三三《營衛志下》："開泰四年，以回鶻户置。隸北府，居慈仁縣北。"按慈仁縣治所在今内蒙古自治區翁牛特旗境内。這些回鶻户應是回鶻西遷後遺留下來的。

[36]"伯斯鼻骨部"及"達馬鼻骨部"：【劉校】據中華點校本校勘記，本書卷三三《營衛志下》作"伯斯鼻骨德部""達馬鼻骨德部"。

[37]已上四十九節度："四十九"與實數不合。據中華點校本校勘記，本書所載小部族自品部至五國部共五十部。突呂不室韋部、涅剌拏古部與大、小二黃室韋部爲前後異名，實四十八部；本書卷三三《營衛志下》又載："奥里部，統和十二年以與梅只、墮瑰三部民籍數寡，合爲一部。"以上所列有墮瑰無梅只。按，在合併之後應除墮瑰，爲四十七部；未合之前，則應加梅只爲四十

九部。

北面坊場局冶牧厩等官

遼始祖涅里究心農工之事，[1] 太祖尤拳拳焉，畜牧畋漁固俗尚也。坊場牧厩，設官如左。

諸坊職名總目：

　　某坊使。

　　某坊副使。

　某坊詳穩司：

　　某坊詳穩。

　　某坊都監。

鷹坊。

鐵坊。

五坊，未詳。

八坊，內有軍器坊，餘未詳。

　　已上坊官。

圍場：

　　圍場都太師。

　　圍場都管。

　　圍場使。

　　圍場副使。

　　已上場官。

局官職名總目：

　　某局使。

　　某局副使。

客省局。[2]

器物局。

太醫局。

醫獸局，有四局都林牙。

　　　已上局官。

五冶，未詳：

　　　太師。

　　　已上冶官。

群牧職名總目：

某路群牧使司：

　　　某群太保。

　　　某群侍中。

　　　某群敞史。

總典群牧使司：

　　　總典群牧部籍使。

　　　群牧都林牙。

某群牧司：

　　　群牧使。

　　　群牧副使。

西路群牧使司。

倒塌嶺西路群牧使司。

渾河北馬群司。[3]

漠南馬群司。

漠北滑水馬群司。[4]

牛群司。

　　　已上群牧官。

尚厩：

　　尚厩使。

　　尚厩副使。

飛龍院：[5]

　　飛龍使。

　　飛龍副使。

總領内外厩馬司。

　　總領内外厩馬。

　　已上諸厩官。

監鳥獸詳穩司職名總目：

　　監某鳥獸詳穩。

　　監某鳥獸都監。

　　　監某鳥。

　　　監某獸。

監鹿詳穩司。

監雉。

　　已上監養鳥獸官。

[1]涅里：阿保機一族的七世祖。又作雅里、尼里、泥禮。

[2]客省：官署名。會同元年（938）置，掌接待諸國使節。設官有都客省、客省使、左右客省使等。

[3]渾河：遼河支流。流經今遼寧省瀋陽市。

[4]漠北：中國北方大沙漠以北。《後漢書》卷八〇《杜篤傳》說衞青等“席捲漠北，叩勒祁連”。李賢注：“漠，沙漠也；祁連，匈奴中山名也。叩，擊也；勒，謂銜勒也。”

[5]飛龍院：養馬的機構。《五代會要》卷一二《馬》：“長興

元年七月，分飛龍院爲左、右，以小馬坊爲右飛龍院。"

北面軍官

遼宮帳、部族、京州、屬國，各自爲軍，體統相承，分數秩然。雄長二百餘年，凡以此也。考其可知者如左。

天下兵馬大元帥府，太子、親王總軍政：

　　天下兵馬大元帥。[1]

　　副元帥。

大元帥府，[2]大臣總軍馬之政：

　　大元帥。

　　副元帥。

都元帥府，大將總軍馬之事：

　　兵馬都元帥。

　　副元帥。

　　同知元帥府事。

便宜從事府，亦曰便宜行事：

　　便宜從事。

大詳穩司：

　　大詳穩。

　　都監。

　　將軍。

　　小將軍。

　　軍校。

　　隊帥。

東都省，分掌軍馬之政：

志第十六

百官志二

東都省太師。

西都省，分掌軍馬之政：

西都省太師。

大將軍府，各統所治軍之政令：

大將軍。

上將軍。

將軍。

小將軍。

護軍司：

護軍司徒。

衛軍司：

衛軍司徒。

諸路兵馬統署司：

諸路兵馬都統署。

諸路兵馬副統署。

左皮室詳穩司。[3]

右皮室詳穩司。

北皮室詳穩司。

南皮室詳穩司。

　　太宗選天下精甲三十萬爲皮室軍。初，太祖以行營爲宮，選諸部豪健千餘人，置爲腹心部，[4]耶律老古以功爲右皮室詳穩。則皮室軍自太祖時已有，即腹心部是也。太宗增多至三十萬耳。

黃皮室軍詳穩司，“黃皮室”屬國名。[5]

属珊軍詳穩司，應天皇太后置，軍二十萬。選蕃漢精兵珍美如珊瑚，故名。

舍利軍詳穩司，[6] 統皇族之從軍者，橫帳三父房屬焉。[7]

北王府舍利軍詳穩司，五院皇族屬焉。[8]

南王府舍利軍詳穩司，六院皇族屬焉。

禁軍都詳穩司，掌禁衛諸軍之事。

各部族舍利司，掌各部族子弟之軍政。

郎君軍詳穩司，掌著帳郎君之軍事。

拽剌軍詳穩司，走卒謂之拽剌。

旗鼓拽剌詳穩司，掌旗鼓之事。

千拽剌詳穩司。

猛拽剌詳穩司。

墨离軍詳穩司。

礮手軍詳穩司，[9] 掌飛礮之事。

弩手軍詳穩司，掌強弩之事。

鐵林軍詳穩司。[10]

大鷹軍詳穩司。

鷹軍詳穩司。[11]

鶻軍詳穩司，大、小鶻軍，即二室韋軍號。

鳳軍詳穩司。

龍軍詳穩司。

飛龍軍詳穩司。

虎軍詳穩司。

熊軍詳穩司。[12]

左鐵鷂子軍詳穩司。

右鐵鷂子軍詳穩司。

龍衛軍詳穩司。[13]

威勝軍詳穩司。[14]

天雲軍詳穩司。[15]

特蒲軍詳穩司。[16]

敵烈軍詳穩司。[17]

敵烈皮室詳穩司。

肴里奚軍詳穩司。[18]

涅哥奚軍詳穩司。

渤海軍詳穩司。[19]

女古烈詳穩司。

奚王南剋軍詳穩司，諸帳並有剋官爲長，餘同詳穩司。

奚王北剋軍詳穩司。

國舅帳剋軍。

三剋軍。

頻必剋軍。[20]

九剋軍。

十二行糺軍，[21]諸糺並有司徒，餘同詳穩司。

各宮分糺軍。

遙輦糺軍。

各部族糺軍。

群牧二糺軍。

怨軍八營都詳穩司，[22]天祚天慶六年，命秦晉王淳募遼東飢民得二萬餘人，[23]謂之怨軍，及淳僭位改號常勝軍。

前宜營，八營皆以所募州名爲號。

後宜營。

前錦營。

後錦營。

乾營。

顯營。

乾顯大營。

巖州營。

[1]天下兵馬大元帥：遼朝往往以皇位繼承人出任天下兵馬大元帥，早年德光、李胡都曾封有天下兵馬大元帥頭銜。

[2]元帥府：主持遼朝南邊防務的機構。聖宗以後，大元帥在燕京開府。大元帥祇有一人，所謂“元帥府”也祇有一個。余靖《武溪集》卷一八《雜文》說：“契丹之掌兵者，燕中有元帥府，雜掌番漢兵，太弟總判之。”“大抵契丹以元帥府守山前，故有府官，又有統軍，掌契丹、渤海之兵。馬軍步軍一，掌漢兵。以乙室王府守山後，又有雲、應、蔚、朔、奉聖等五節度營兵，逐州又置鄉兵。”

[3]皮室：契丹軍名。意爲“金剛”。初爲阿保機所置，稱“腹心部”。後有南、北、左、右皮室及黃皮室等，皆掌精甲。

[4]腹心部：即阿保機的“算斡魯朵”。按照契丹語，“算”爲“心腹”之義，斡魯朵是契丹人的組織。本書卷七三《耶律曷魯傳》：“太祖宮行營始置腹心部，選諸部豪健二千餘充之，以曷魯及蕭敵魯總焉。”即腹心部是“選諸部豪健”，從契丹各部族選拔英勇善戰之人組成的。

[5]黃皮室，屬國名：【劉校】據中華點校本校勘記，按下文"諸部"名内有黄皮室韋部。

[6]舍利：契丹官名。即郎君。本書卷一一六《國語解》："契丹豪民要裹頭巾者，納牛駞十頭，馬百匹，乃給官名曰舍利。"

[7]橫帳：契丹以玄祖之後爲皇族，分爲三房：孟父房、仲父房和季父房。季父房一系太祖阿保機子孫爲"橫帳"。本書卷四五《百官志一》："玄祖伯子麻魯無後，次子巖木之後曰孟父房；叔子釋魯曰仲父房；季子爲德祖，德祖之元子是爲太祖天皇帝，謂之橫帳；次曰剌葛，曰迭剌，曰寅底石，曰安端，曰蘇，皆曰季父房。"卷一六《聖宗本紀七》載開泰八年（1019）冬十月癸巳詔："橫帳三房不得與卑小帳族爲婚；凡嫁娶，必奏而後行。"【劉注】橫帳，契丹小字作才ㆁ，本義是"兄弟"，即皇帝兄弟行的人，亦即與皇帝稱兄道弟者。

[8]五院：契丹部族名。天贊元年（922），以迭剌部強大難制，析五石烈爲五院部，六爪爲六院部，各置夷离堇。會同元年（938），更名夷离堇爲大王，部隸北府，以鎮南境。

[9]礮手軍：【劉校】"礮"同"炮"，"手"原作"首"。據中華點校本校勘記，"按《紀》統和四年六月有炮手，壽隆元年九月有炮人、弩人，下文有'弩手軍'"。今據改。

[10]鐵林軍：契丹軍號。本書卷八二《蕭陽阿傳》載其"歷鐵林、鐵鷂、大鷹三軍詳穩"。"鐵林""鐵鷂""大鷹"皆是軍號。

[11]鷹軍：契丹軍號。鷹，鷙鳥，以之名軍，取速捷之義。

[12]熊軍：契丹軍號。後改神軍，是駐守南京的契丹部族軍。【劉校】據中華點校本校勘記，"按《紀》統和八年七月，改南京熊軍爲神軍"。此仍用舊名。

[13]龍衛軍：漢軍號。遼西京地區的漢軍。《舊五代史》卷七六《晉高祖紀》載天福二年（937）"以前保太軍節度使、檢校太府張萬進爲右龍衛軍統軍"。

[14]威勝軍：【靳注】原係唐軍號。據《元和郡縣志》卷三

九：“威勝軍在積石軍西八十里宛肅城。”唐末、五代、北宋分別以乾州、鄧州等地爲威勝軍。遼以臨近宋界的蔚、朔等州漢軍爲威勝軍。

[15]天雲軍：【靳注】契丹軍號。本書卷一六《聖宗本紀七》載開泰七年十二月：“蕭排押等與高麗戰於茶、陀二河，遼軍失利，天雲、右皮室二軍沒溺者衆，遙輦帳詳穩阿果達、客省使酌古、渤海詳穩高清明、天雲軍詳穩海里等皆死之。”

[16]特蒲軍：【劉校】諸本均作“特滿軍”。

[17]敵烈軍：以降伏的敵烈人組成的軍隊。

[18]肴里奚軍：以被征服的奚人組成的軍隊。【劉校】肴里，原本作“滑里”，中華點校本校勘記云，“據《紀》開泰八年七月及《高麗外記》改”。今從改。

[19]渤海軍：遼朝四類軍隊之一。以被征服的渤海人組成的軍隊。其餘爲契丹軍、奚軍和漢軍。

[20]頻必剋軍：“頻必”即品部。

[21]𰾋軍：遼代的軍號。【劉注】𰾋，正確寫法應作“𰾋”。是混入漢字中的契丹大字。《北大王墓誌銘》和《耶律昌允墓誌銘》等契丹大字碑刻中都出現𰾋字。例如《耶律昌允墓誌銘》第二行有 乍奀光 𰾋枂芐 出将景，爲漢語借詞“左千牛衛上將軍”的音譯。光𰾋爲漢字“牛”的音譯。𰾋相當於漢字“牛”的韻母，從而知道它讀 iou。至於其字義尚待解讀。

[22]怨軍：遼末在遼東地區招募的一支軍隊。《三朝北盟會編》卷一〇載：“遼人始以征伐女真，爲女真所敗，多殺其父兄，乃立是軍，使之報怨女真，故謂之怨軍。”然而“每女真兵入，則怨軍從以爲亂，女真退則因而復服，常以爲苦。天祚與群下謀殺怨軍，除其患，故其中郭藥師等反，殺其首領而降都統蕭幹，遂拜金吾大將軍，俾守涿州”。郭藥師是渤海鐵州人，與多數“怨軍”將領一樣，也是一個反復之徒。保大二年（1122）耶律淳稱帝，改怨軍爲常勝軍。

[23]秦晉王淳：即耶律淳（1062—1122）。興宗之孫，南京留守、宋魏王和魯斡之子。遼亡前夕保大二年，在燕京立爲帝，年號建福，降封天祚帝爲湘陰王。數月後死去，廟號宣宗。有傳，附於本書卷三○《天祚本紀》。

北面邊防官

遼境東接高麗，[1]南與梁、唐、晉、漢、周、宋六代爲（勍）敵，[2]北鄰阻卜、术不姑，[3]大國以十數；西制西夏、党項、吐渾、回鶻等，[4]強國以百數。居四戰之區，虎踞其間，莫敢與攖，制之有術故爾。觀於邊防之官，太祖、太宗之雄圖見矣。

[1]高麗：指王建創建的高麗王朝（918—1392）。統治地域在今朝鮮半島，首都在開京（今朝鮮開城市）。

[2]梁：指後梁（907—923）。公元907年朱温代唐稱帝，建都汴（今河南省開封市），國號梁。923年爲後唐所滅。共歷三帝十七年。　唐：指後唐（923—936）。公元923年李存勗代後梁稱帝，國號唐。公元936年爲後晉所滅。　晉：此指石敬瑭創立的後晉（936—947）。五代第三個王朝。石敬瑭初爲獲得契丹耶律德光支持，向德光割地、稱臣、稱兒。少帝石重貴繼位後，與契丹交惡，後晉爲契丹所滅。　漢：指五代時期的第四個王朝後漢（947—950）。劉知遠於公元947年所建，歷二主。又指五代時期的北漢（951—979），是十國之一。後漢乾祐四年（951），河東節度使劉崇稱帝，國號仍稱漢，都太原（今屬山西省），史稱北漢，依附契丹。太平興國四年（979）爲北宋所滅。　周：指五代第五個王朝後周（951—960）。郭威所建，都開封。盛時疆域約爲今山東、河南兩省全部，陝西、安徽、江蘇等省的大部，河北南部、湖北北部及内蒙古自治區、寧夏、甘肅、山西等省區的一部分，歷三帝（二姓），

共十年。

[3]阻卜：即達旦、韃靼。元人諱言達旦，而稱達旦爲阻卜，詳見王國維《觀堂集林》卷一四《達旦考》。　术不姑：本書卷一《太祖本紀上》載太祖六年（912），阿保機"親征术不姑，降之，俘獲以數萬計"。後，該部叛服不常。參見本書卷六九《部族表》。【劉注】术不姑是"阻卜"的異譯。

[4]党項：中國古代族名。又稱党項羌，唐以後主要活動於靈、慶、銀、夏等州，即今甘肅、寧夏、陝西和内蒙古自治區交界地區。　吐渾：古代部族名。即吐谷渾。據《新五代史》卷七四《四夷附録第三》，吐渾"自後魏以來，名見中國，居於青海之上。當唐至德中，爲吐蕃所攻，部族分散，其内附者，唐處之河西。其大姓有慕容、拓拔、赫連等族。懿宗時，首領赫連鐸爲陰山府都督，與討龐勛，以功拜大同軍節度使。爲晉王所破，其部族益微，散處蔚州界中"。"晉高祖立，割鴈門以北入於契丹，於是吐渾爲契丹役屬，而苦其苛暴"。另據《五代會要》卷二八《吐渾》："至開運中，捍虜（契丹）於澶州"，"其族白可久，名在承福之亞，因牧馬率本帳北遁，契丹授以官爵，復遣潛誘承福。承福亦思叛去，事未果，漢高祖知之，乃以兵環其部族，擒承福與其族白鐵櫃、赫連海龍等五家，凡四百有餘人，伏誅。籍其牛馬，命別部長王義宗統其餘屬。"　回鶻：古代民族名。即回紇。本突厥別部。北魏時稱袁紇，亦曰烏護、烏紇，至隋稱韋紇。大業元年（605），因反抗突厥的壓迫，與僕固、同羅、拔野古等成立聯盟，總稱回紇。唐天寶三年（744）破東突厥，建政權於今鄂爾渾河流域，有今蒙古高原之地。唐時助平安史之亂，屢尚公主。唐貞元四年（788）自請改稱回鶻。開成五年（840），爲轄戞斯所破，部衆分三支西遷：一支遷吐魯番盆地，稱高昌回鶻或西州回鶻；一支遷蔥嶺以西楚河一帶，即蔥嶺以西回鶻；一支遷河西走廊，稱河西回鶻或甘州回鶻。歷五代、遼、金，回鶻皆嘗入貢。元明時稱畏吾兒。其族在唐時奉摩尼教，宋元以來改奉回教。

諸軍都虞候司：

　　都虞候。[1]

奚王府，見《部族官》。

大惕隱司，見《帳官》。

大國舅司。

大常袞。[2]

五院司，見《部族官》。

六院司。

沓溫司，未詳。

　　已上上京路諸司，控制諸奚。

[1]都虞候：軍職。《唐會要》卷七九《諸使雜録》：唐太和四年（830）四月中書門下奏："自元年以來，頻有計代諸道薦送軍將，其數漸多"，"自今後軍官未至常侍及職兼都虞候、都知兵馬使、都押衙者不在薦送限"。

[2]常袞：契丹官名。遙輦九帳有常袞司之設，掌遙輦九宮分事務。此外奚六部也設常袞。本書卷八五《高勳傳》載統和八年（990），和朔奴上表曰："臣竊見太宗之時，奚六部二宰相、二常袞，詔命大常袞班在酋長左右，副常袞總知酋長五房族屬，二宰相匡輔酋長，建明善事。今宰相職如故，二常袞別無所掌，乞依舊制。"從之。

諸部署職名總目：

　　某兵馬都部署。

　　某兵馬副部署。

　　某兵馬都監。

　　某都部署判官。

諸指揮使職名總目：

　　某軍都指揮使。

　　某軍副指揮使。

　　某軍都監。

諸統軍使職名總目：

　　有都統軍使、副使、都監等官。

東京兵馬都部署司。

契丹、奚、漢、渤海四軍都指揮使司：

契丹奚軍都指揮使司。[1]

奚軍都指揮使司。

漢軍都指揮使司。

渤海軍都指揮使司。

東京都統軍使司。

東京都詳穩司。

保州都統軍司。[2]

湯河詳穩司，亦曰南女直湯河司。

杓窊司，未詳。

金吾營，[3]屬南面。

銅州北兵馬指揮使司。[4]

淶州南兵馬指揮使司。[5]

　　已上遼陽路諸司，控扼高麗。

[1]契丹奚軍都指揮使司：奚與契丹語言相通，被征服後奚軍漸與契丹軍合編，故有此機構。

[2]保州：《武經總要》前集卷一六下《戎狄舊地》："保州，渤海古城，東控鴨綠江新羅國界，仍置権場，通互市之利。"

[3]金吾：遼禁軍有金吾衞。晉人崔豹《古今注》卷上：“金吾亦棒也，以銅爲之，黄金塗兩末，謂爲‘金吾’。御史大夫、司隸校尉亦得執焉。”

[4]銅州：渤海置，遼屬東京道，下轄析木縣，治所在今遼寧省海城市。

[5]淶州：殿本作“涑州”，據殿本本卷考證：“‘涑’原本訛‘淶’，今據《地理志二》改。”按，殿本非是，當從本書卷三九《地理志三》作“來州”。來州，《武經總要》前集卷一六下《戎狄舊地》：“來州，號歸德軍。女真國五部落相率來降，胡中因建州以居之。東至隰州七十里，西至遼州七十里，南至大海四十里，北至建州三百五十里。”

　　黄龍府兵馬都部署司,[1]一作都監署司。
　　黄龍府鐵驪軍詳穩司。[2]
　　咸州兵馬詳穩司,[3]有知咸州路兵馬事、同知咸州路兵馬事、咸州糺將。[4]
　　東北路都統軍使司,[5]有掌法官，道宗大安六年置。
　　已上長春路諸司，控制東北諸國。

[1]黄龍府兵馬都部署司：防禦女直的軍事機構。黄龍府地近生女直，治所在今吉林省農安縣。

[2]鐵驪軍：以鐵驪部人組成的軍隊。

[3]咸州：治所在今遼寧省鐵嶺市東北。

[4]糺將：【劉校】“糺”原本作“紀”，明抄本、南監本、北監本和殿本均作“糺”。中華點校本及修訂本徑改。今從改。

[5]東北路都統軍使司：遼末防禦女真的軍事機構。原來，對女真的防禦在遼朝的軍事部署中並不佔有重要地位，故一直由東京的軍事機構兼管。當生女真完顔部發動叛亂時，遼朝主持戰事始有

東北路統軍司。該機構設在寧江州（今吉林省松原市寧江區）。

南京都元帥府，[1]本南京兵馬都總管府，興宗重熙四年改，有都元帥、大元帥。

南京兵馬都總管府，屬南面，[2]有兵馬都總管，有總領南面邊事，有總領南面軍務，有總領南面戍兵等官。

南京馬步軍都指揮使司，屬南面。

侍衞控鶴都指揮使司，屬南面。

燕京禁軍詳穩司。[3]

南京都統軍司，又名燕京統軍司，聖宗統和十二年復置南京統軍都監。

牛欄都統領司：[4]

　　都統領。

　　副統領。

距馬河戍長司，[5]聖宗開泰七年沿距馬河宋界東西七百餘里，特置戍長一員巡察：[6]

　　戍長。

監軍寨統領司。

石門統領司。

南皮室軍詳穩司。

北皮室軍詳穩司。

猛拽剌詳穩司。

管押平州甲馬司：[7]

　　管押平州甲馬。

　　已上南京諸司，並隸元帥府，備禦宋國。

[1]南京都元帥府：即上文的"元帥府"。聖宗以後，大元帥在燕京開府。大元帥衹有一人，所謂"元帥府"也衹有一個。

[2]屬南面：屬於"南面防務"之義，非屬於南面官系統。遼"南衙不主兵"。

[3]燕京禁軍：指燕京的漢軍。據《長編》卷五五宋真宗咸平六年（1003）七月己酉記李信云："國中所管幽州漢兵，謂之神武、控鶴、羽林、驍武等，約萬八千餘騎。"其中"羽林""控鶴"是唐、五代禁軍舊有的名號。因此可以斷定李信所說的遼燕京的"漢兵"就是戍衛京城的禁軍。

[4]牛欄：即今北京市順義區境内牛欄山。

[5]距馬河：又作拒馬河，亦曰淶水。《明一統志》卷一："拒馬河，在永清縣南，自桑乾河分流至固安，經縣界入三角淀；又一在房山縣。《水經》：拒馬出代郡淶山，西晉劉琨守此以拒石勒。"

[6]開泰七年特置戍長一員巡察事，此處與本紀所載不合。【劉校】據中華點校本校勘記，依本書卷一七《聖宗本紀八》，置戍長巡察事，始於太平八年（1028）二月。

[7]平州：治所在今河北省盧龍縣。

西南面安撫使司：
　　西南面安撫使。[1]
西南面都招討司，[2]太祖神册元年置，亦曰西南路招討司：
　　西南面招討使。
西南邊大詳穩司。
西南路詳穩司。
西南面五押招討司：[3]
　　五押招討大將軍。

西南路巡察司，又有西南巡邊官：

　　西南路巡察將軍。

西南面巡檢司：[4]

　　西南面巡檢。

　　西南面同巡檢。

西南面拽剌詳穩司。

山北路都部署司，[5]又有知山北道邊境事官。

金肅軍都部署司。[6]

南王府，見北面朝官。

北王府。

乙室王府。

山金司，一作山陰司，置在金山之北。

　　已上西京諸司，控制西夏。

　　[1]安撫使：地方軍政長官。宋稱經略安撫使。《宋史》卷一六七《職官志七》：“經略安撫司，經略安撫使一人，以直秘閣以上充，掌一路兵民之事，皆帥其屬而聽其獄訟、頒其禁令、定其賞罰、稽其錢穀甲械出納之名籍，而行以法。”

　　[2]西南面都招討司：又作西南路招討司。契丹軍事機構名。設招討使一人，駐西京大同，負責對西夏的防務。

　　[3]五押：【劉注】遼朝官名。五押即“押五蕃”之意。其職管制西南面的五個部族。唐代安禄山曾任平盧節度使，兼柳城太守、押兩蕃、渤海、黑水四府經略使（見《新唐書》卷二二五上）。此處的兩蕃是指契丹和奚。“五押”對照“押兩蕃”就容易理解了。

　　[4]巡檢司：維持地方治安的機構。《文獻通考·兵考·兵制》載，宋熙寧五年（1072）詔“主户保丁願上番於巡檢司者，十日一

更；疾故者，次番代之。月給口糧、薪菜錢，分番巡警”。

　　[5]山北：唐稱新、嬀、儒、武、雲、應、寰、朔、蔚等九州爲“山北”，又稱“山後”。

　　[6]金肅軍：治所在今內蒙古自治區准格爾旗西北。

　　西北路招討使司，[1]有知西路招討事，有監軍。

　　西北路管押詳穩司。

　　西北路總領司，有總領西北路軍事官。

　　領西北路十二班軍使司。

　　契丹軍詳穩司。

　　吐渾軍詳穩司。

　　述律軍詳穩司。

　　禁軍詳穩司。

　　奚王府舍利軍詳穩司。

　　大室韋軍詳穩司。

　　小室韋軍詳穩司。

　　北王府軍詳穩司。

　　特滿軍詳穩司。

　　群牧軍詳穩司。

　　宮分軍詳穩司。[2]

　　西北路金吾軍，屬南面。

　　西北路兵馬都部署司。

　　西北路阻卜都部署司。

　　西北路統軍司。

　　西北路戍長司。

　　西北路禁軍都統司。

西北部鎮撫司，兼掌西北諸部軍民，有鎮撫西北部事官。

西北路巡檢司。

黑水河提轄司，在中京黔州置。[3]

　　已上西北路諸司，控制諸國。

[1]西北路招討使司：遼朝統治漠北屬部的最高軍政機構。聖宗以後，主要負責鎮壓阻卜。

[2]宮分軍：隸屬遼朝諸宮衛的軍隊。遼朝皇帝及攝政太后都有自己的宮衛。本書卷三一《營衛志上》："遼國之法，天子踐位置宮衛：分州縣、析部族、設官府、籍戶口、備兵馬。崩則扈從后妃宮帳，以奉陵寢。有調發，則丁壯從戎事，老弱居守。"所謂"分州縣"即將一部分州縣劃歸宮衛管轄，在這些州縣"設官府"。在漢地則設諸宮衛提轄司負責征招軍隊。"析部族"即將一部分小於部族的組織如石烈、瓦里等從原來的部族中分離出來，隸屬宮衛。這些部族戰時也要出兵。因此，所謂"宮分軍"包括隸屬諸宮衛的部族軍和諸宮衛提轄司臨時點集、調發的軍隊。

[3]黔州：《武經總要》前集卷一六下《戎狄舊地》："黔州，遼主耶律德光初置，東北至望海峰五十里，東至顯州五十里，東南至梁家務六十里，北至閭山縣六十里。"

東北路兵馬詳穩司，亦曰東北面詳穩司。

東北路監軍馬司，有東北路監軍馬使，有管押東北路軍馬事官。

東北路女直詳穩司。

北女直兵馬司，在東京遼州置。[1]

　　已上東北路諸司。

[1]遼州：亦稱北白川州。【劉注】遼州州治在今遼寧省新民市公主屯鎮遼濱塔村遼城址。

東路兵馬都總管府，[1]有東路兵馬都總管，有同知東路兵馬事官。

東路都統軍使司。[2]

遙里等十軍都詳穩司。

遙里軍諸詳穩司，未詳。

九水諸夷安撫使。

已上東路諸司。

[1]東路兵馬都總管府：東路最高軍事機構。與主持南面防務的元帥府相當，駐南京的元帥府即原稱“兵馬都總管府”。

[2]東路都統軍使司：遼鎮撫東部邊境地區各部族及高麗的軍政機構。唐乾元中，始以都統名官，總諸道征伐。後若調諸道兵馬會戰，多置此職，爲臨時軍事長官，不賜旌節，事解即罷。遼設諸路兵馬都統署司，下有諸路兵馬都統署，都統爲其長官。本書卷三四《兵衛志上》載：凡舉兵，帝親征，“選勳戚大臣，充行營兵馬都統，副都統、都監各一人”。本書卷八三《烏不呂傳》：“從蕭恒德伐蒲盧毛朵部，以功爲東路統軍都監。及德讓爲大丞相，薦其材可任統軍使，太后曰：‘烏不呂嘗不遜於卿，何善而薦？’德讓奏曰：‘臣忝相位，於臣猶不屈，況於其餘。以此知可用。若任使之，必能鎮撫諸蕃。’”卷八五《蕭柳傳》載其統和十八年（1000）“遷東路統軍使。秩滿，百姓願留復任，許之。從伐高麗”。

西南面節制司，有節制西南諸軍事。

西南面都統軍司。[1]

已上西南邊諸司。

山西兵馬都統軍司。

西路招討使司。

西邊大詳穩司。

四蕃都軍所，聖宗統和四年置，授李繼冲。

夏州管內蕃落使，聖宗統和四年置，授李繼遷。[2]

倒塌嶺節度使司。[3]

倒塌嶺統軍司。

塌西節度使司。

塌母城節度使司。

已上西路諸司。

[1]西南面都統軍司：【靳注】林鵠《遼史百官志考訂》（中華書局2015年版，第146頁）認爲節制西南諸軍事意指出任西南面招討使一事，遼實際并無西南面節制司。西南面都統軍司乃是西南面招討司的重出。

[2]夏州：據《大清一統志》卷二三九：“夏州故城在懷遠縣西。唐代貞元三年置夏州節度使，中和二年賜號定難軍，五代因之，宋爲西夏地。” 管內蕃落使：此爲“定難軍節度使”的加官。 李繼遷（963—1004）：党項首領。西夏王朝的奠基者。叛宋前任定難軍都知蕃落使。982年集結部衆，叛宋。985年，襲據銀州（今陝西省米脂縣），自稱定難軍留後，向遼稱臣。995年，擊敗宋朝五路討伐。997年，宋真宗立，李繼遷遣使求和，宋授爲夏州刺史、定難軍節度、夏銀綏宥靜等州觀察處置押蕃落等使。1002年李繼遷攻占靈州，改名西平府。次年，率軍西征，占領西涼府。因受詐降的吐蕃族大首領潘羅支的突襲，負重傷而死。子李德明嗣

立，追尊繼遷爲皇帝。夏景宗時諡神武，廟號太祖，陵號裕陵。

[3]倒塌嶺：地近阻卜（韃靼），故遼在此駐軍守護西路群牧。

北面行軍官

遼行軍官，樞密、都統、部署之司，上下相維，先鋒、兩翼嚴重，中軍於遠探偵候爲尤謹，臨陣委重於監戰。司存有常，秩然整暇，所以爲制勝之道也。

行樞密院，[1]有左、右林牙，有參謀。

行軍都統所，有監軍，有行軍諸部都監，有監戰：

　　　　行軍都統。[2]

　　　　行軍副都統。

　　　　行軍都監。

行軍都押司，有都押官、副押官。

行軍都部署司。

先鋒使司。

先鋒都統所。

左翼軍都統所。

右翼軍都統所。

中軍都統所。

御營都統所。

遠探軍，有小校，有拽剌。

候騎，有偵候，有候人，有拽剌。

東征行樞密院：

東征都統所，亦曰東面行軍都統所，又曰東路行軍都統所。

東征統軍司。

東征先鋒使司。

西征統軍司。

南征都統所，亦曰南面行軍都統所。

南征統軍司。

南面行營總管府。

南面行營都部署司。

河南道行軍都統所。

北道行軍都統所。

東北面行軍都統所。

西北面行軍都統所。

西南面行軍都統所。

[1]行樞密院：樞密院乃遼最高軍政機構。在與朝廷隔絕處設行樞密院，權決重大軍政事宜。金南遷後，在河北地區設行樞密院，當是仿遼制。《金史》卷四四《兵志》：“及南遷，河北封九公，因其兵假以便宜從事。沿河諸城置行樞密院、元帥府，大者有便宜之號，小者有從宜之名。”

[2]行軍都統：軍官名。見於遼金兩代。

北面屬國官

遼制屬國、屬部官，大者擬王封，小者准部使。命其酋長與契丹人區別而用，恩威兼制，得柔遠之道。考其可知者具如左。

屬國職名總目：

某國大王。

某國于越。

某國左相。

某國右相。

某國惕隱，亦曰司徒。

某國太師。

某國太保。

某國司空，本名闥林。

某國某部節度使司：

某國某部節度使。

某國某部節度副使。

某國詳穩司：

某國詳穩。

某國都監。

某國將軍。

某國小將軍。

大部職名：

並同屬國。

諸部職名：

並同部族。

女直國順化王府，[1]景宗保寧九年女直國來請宰相、夷离堇之職，以次授者二十一人。聖宗統和八年封女直阿海爲順化王，亦作阿改。天祚天慶二年有順國女直阿鶻産大王。[2]

北女直國大王府。

南女直國大王府。

曷蘇館路女直國大王府，[3]亦曰合蘇袞部女直王，又曰合素女直王，又曰蘇館都大王。聖宗太平六年曷蘇館諸部許建旗鼓。[4]

長白山女直國大王府，聖宗統和三十年長白山三十部女直乞授爵秩。

鴨淥江女直大王府。

瀕海女直國大王府。

阻卜國大王府。

　阻卜扎剌部節度使司。

　阻卜諸部節度使司，聖宗統和二十九年置。

　阻卜別部節度使司。

西阻卜國大王府。

北阻卜國大王府。

西北阻卜國大王府。

乞粟河國大王府。

城屈里國大王府。

术不姑國大王府，亦曰述不姑，又有直不姑。

阿薩蘭回鶻大王府，[5]亦曰阿思懶王府。

回鶻國單于府，興宗重熙二十二年詔回鶻部副使以契丹人充。

沙州回鶻敦煌郡王府。[6]

甘州回鶻大王府。[7]

高昌國大王府。

党項國大王府。

西夏國西平王府。[8]

高麗國王府。

新羅國王府。[9]

日本國王府。

吐谷渾國王府。

吐渾國王府。

轄戞斯國王府。[10]

室韋國王府。

黑車子室韋國王府。[11]

鐵驪國王府。

靺鞨國王府。

沙陀國王府。[12]

濊貊國王府。[13]

突厥國王府。

西突厥國王府。[14]

斡朗改國王府。

迪烈德國王府，亦曰敵烈，亦曰迭烈德。

于厥國王府。[15]

越離覩國王府，[16]亦曰斡離都。

阿里國王府。

襖里國王府。

朱灰國王府。

烏孫國王府。[17]

于闐國王府。[18]

獅子國王府。[19]

大食國王府。[20]

西蕃國王府。[21]

大蕃國王府。

小蕃國王府。

吐蕃國王府。

阿撒里國王府。

波刺國王府。

惕德國王府。[22]

仙門國王府。[23]

鐵不得國王府。[24]

鼻國德國王府。[25]

轄刺國只國王府。[26]

賃烈國王府。[27]

獲里國王府。

怕里國王府。

噪温國王府。

阿鉢頗得國王府。

阿鉢押國王府。

紝没里國王府。[28]

要里國王府。

徒覩古國王府，亦曰徒魯古。

素撒國王府。

夷都衮國王府。

婆都魯國王府。

霸斯黑國王府。

達离諫國王府。

達盧古國王府。[29]

三河國王府。

覈列哿國王府。

述律子國王府。

殊保國王府。

蒲昵國王府。

烏里國王府。

已上諸國。

[1]順化王：遼加給女真酋長的封號。歷代王朝對歸順的部族首領常加此封號。

[2]阿鶻産：生女真部落酋長。該部後爲阿骨打所併。本書卷二七《天祚本紀一》：“初，阿骨打混同江宴歸，疑上知其異志，遂稱兵，先併旁近部族。女直趙三、阿鶻産拒之，阿骨打虜其家屬。二人走訴咸州，詳穩司送北樞密院。樞密使蕭奉先作常事以聞上，仍送咸州詰責，欲使自新。後數召，阿骨打竟稱疾不至。”

[3]曷蘇館：即熟女真。《松漠紀聞》卷上稱：“居混同江之南者謂之熟女真，以其服屬契丹也。江之北爲生女真，亦臣於契丹。”

[4]建旗鼓：設立象徵部族首領權威的儀仗。

[5]阿薩蘭回鶻大王府：阿薩蘭回鶻即高昌回鶻，也稱和州回鶻、西州回鶻，是回鶻西遷、匯合後主要的一支，直到元代，它仍自認是回鶻的嫡系。其疆域東至今哈密烏納格什湖，西通天山西部，南接酒泉，北達天山北麓。首府設在喀拉和卓，陪都設在天山北麓別失八里（即北庭）。其王早期稱阿薩蘭汗（意爲獅子王），較晚則稱亦都護。【劉校】阿薩蘭回鶻大王府，諸本均脫“府”字，中華點校本及修訂本依前後文補。今從。

[6]沙州回鶻敦煌郡王府：沙州，唐宣宗大中五年（851）至宋仁宗景佑三年（1036）的沙州地方政權。安史之亂時，吐蕃乘虛進攻隴右、河西。德宗貞元三年（787）沙州被吐蕃攻陷，直至唐宣

宗大中二年，沙州漢族人民在張議潮領導下舉行起義，趕走吐蕃鎮將，河西地區纔復歸唐朝。大中五年朝廷在沙州置歸義軍，以張議潮爲歸義軍節度使、十一州觀察使。但僖宗（874—888）後，沙州歸義軍所轄唯瓜、沙二州。唐亡時，張氏自立"金山國"。數年後，曹氏代替張氏掌握沙州地方政權，仍稱歸義軍節度使，向五代、北宋諸政權奉表入貢。唐莊宗時回鶻來朝，沙州留後曹義金亦遣使附回鶻以來，故有"沙州回鶻"之稱。至宋景佑三年（一説景佑二年）亡於西夏。【劉校】沙州回鶻敦煌郡王府，諸本均脱"府"字，中華點校本及修訂本依前後文補。今從。

[7]甘州回鶻：遊牧於甘州一帶的回鶻，也稱河西回鶻。9世紀中，回鶻的一支西遷，分佈在甘州、沙州、涼州、賀蘭山、秦州、合羅川（今額濟納河）等地。其中以遊牧於甘州一帶的"甘州回鶻"最爲強盛。

[8]西平王：原是宋對夏州党項首領的封號。《宋史》卷四八五《夏國傳》：夏州党項首領"［李］彝興，彝超之弟也，本名彝殷，避宋宣祖諱，改殷爲興。初爲行軍司馬，清泰二年彝超卒，遂加定難軍節度使。晉初加同平章事，開運初，契丹授西南招討使。漢初加兼侍中。周初加中書令。顯德初封西平王"。來西夏統治者李德明、李元昊等都稱西平王。

[9]新羅國王府：新羅係朝鮮半島古國，公元4世紀成爲半島東南部的強國。7世紀中滅百濟和高句麗，不久，統一半島大部。至9世紀衰落，公元935年王氏高麗所取代。【劉校】新羅國王府，據中華點校本校勘記，"新羅"爲"高麗"重出。

[10]轄戛斯：唐代西北民族名。原居西伯利亞葉尼塞河流域。契丹興起並據有漠北時，稱轄戛斯，遼朝在其地設有轄戛斯大王府。金代稱之爲紇里迄斯，蒙古人稱之爲吉利吉斯（吉爾吉斯），清代隨着准噶爾人的叫法稱之爲布魯特。西遼的西遷和13世紀蒙古的西征都影響到轄戛斯，促成部分轄戛斯人南遷。15世紀以後，轄戛斯人被准噶爾人驅逐到中亞費爾干納一帶。18世紀中葉，清朝

平定准噶爾，部分轄戛斯返回七河流域故居。俄國至今有哈卡斯自治共和國。首府阿巴坎，其主體民族即古代的轄戛斯。

[11]黑車子室韋：部族名。室韋之一部，即《舊唐書·回紇傳》的"和解室韋"。其住地當今内蒙古自治區東部的呼倫湖東南，南與契丹接境。詳見王國維《觀堂集林》卷一四《黑車子室韋考》。

[12]沙陀：中國古代族名。爲突厥别部，原來游牧於西北地區，唐末遷至河東（今山西省北部）。

[13]濊貊：朝鮮半島古代部族名。據《三國志》卷三〇《魏書·東夷傳》，曹魏間南與辰韓，北與高麗、沃沮接，東臨大海。大約占據朝鮮半島東部。户二萬。自漢以來，其官有侯邑君、三老，由他們管領下户。貴族自謂與高麗同種。其民言語法俗大抵與高麗相同，衣服則有區别。

[14]"濊貊國""突厥國"及"西突厥國"：此爲諸國餘部。中華點校本校勘記云："按此三國已亡，或是遺人用舊名貢獻者，因存於史册。下文烏孫國同此。"

[15]于厥：部族名。即烏古。

[16]越離覩：亦作越里篤，遼境内東北地區部族名。與剖阿里、奧里米、蒲奴里和越里吉統稱五國部。

[17]烏孫：古代民族名。漢代至拓跋魏中葉居於天山北麓伊犁河上游、伊塞克湖畔及納林河流域的游牧部族。它的族屬有突厥族、亞利安族諸説，尚無定論。

[18]于闐：塞克族於古代西域，即今新疆維吾爾自治區和田地區建立的政權。自漢至唐，皆入貢中國。安史之亂，絶不復至。晉天福中，其王李聖天自稱唐之宗屬，遣使來貢。晉高祖册聖天爲大寶于闐國王。宋初訖於宣和，朝享不絶。塞克族，古稱塞種。其語言屬印歐語系東伊朗語族。近代發現的于闐文書使用同慶、天興、中興、天壽等年號，或採用唐代官稱，或並用漢文、于闐文，或夾用漢字，足見于闐塞克族深受唐代政治、文化影響。

［19］獅子國：即高昌，亦即阿薩蘭回鶻。

［20］大食國：唐、宋時期中國對阿拉伯人的專稱與對伊朗語地區穆斯林的泛稱。當時人們還不知阿拉伯人、波斯人、穆斯林三者的區別，統稱爲大食。《遼史》有關於契丹遣嫁公主於大食王子等記載，其中大食顯然不是指遠在西方的阿拉伯人而言，而應是指中亞地區的某個穆斯林政權。

［21］西蕃：吐蕃部落。以下大蕃、小蕃、吐蕃皆同。

［22］惕德國王府：【劉校】“德”原本作“隱”，中華點校本及修訂本據上下文改。今從改。按修訂本校勘記，“本書所見遼屬國無‘惕隱’而有‘惕德’”。

［23］仙門國：國名。仙門爲鐵驪酋長。本書卷二〇《興宗本紀三》重熙十六年（1047）十月，“鐵驪仙門來朝，以始入貢，加右監門衛大將軍”。該國以酋長名爲國名，或因鐵驪另有別部貢於遼。

［24］鐵不得國：爲西北蕃部之一。

［25］鼻國德國：國名。《遼史》中另有異譯鰲骨德、鼻骨德等。

［26］轄剌國只國：國名。另有不同譯名。【劉校】據中華點校本校勘記，按“《紀》會同三年六月作轄剌骨只”。

［27］賨烈：不詳所屬。【劉校】據中華點校本校勘記，本書卷四《太宗本紀下》作“紆没里”。

［28］紆没里：【劉校】據中華修訂本校勘記，紆没里即上文之“賨烈”，此係重出。非是。紆没里與賨烈是有區別的兩個部族。

［29］達盧古：女真之一部。該部有城，稱達盧古城，一說位於拉林河以西地區，一說位於今吉林省前郭爾羅斯蒙古族自治縣興隆堡附近。

蒲盧毛朵部大王府。[1]

回跋部大王府。[2]

嵓母部大王府。[3]

黃龍府女直部大王府，道宗大康八年賜官及印。

吾禿婉部大王府。[4]

烏隈于厥部大王府。

婆离八部大王府。[5]

于厥里部族大王府，太宗會同三年賜旗鼓。

　　已上大部。

[1]蒲盧毛朶部：女真部族。遼屬部，爲遼國外十部之一。

[2]回跋部：遼朝時期女真部族名。當時東北地區有大量的女真人，分佈在南部者稱“熟女真”；中部地區則有回跋女真，隸屬咸州（今遼寧省開原市老城）兵馬司；其在北者則是“生女真”。

[3]嵓（yán）母部：契丹部族之一。即品部，又作品卑部，創建於阻午可汗之時，隸北府。本書卷一三《聖宗本紀四》載統和十五年（997）二月“勸品部富民出錢以贍貧民”。同月又“詔品部曠地令民耕種”。

[4]吾禿婉部：契丹部族名。又作斡篤碗。天祚帝阿鲁盌斡魯朶有抹里八，其中有斡篤盌，推測其後他收編其他部族而成爲大部。

[5]婆离八部：據本書卷六九《部族表》重熙十七年（1048），“婆离八部夷离堇虎黏等內附”。

生女直部。

直不姑部。

狐山部。

拔思母部。[1]

茶扎剌部。[2]

粘八葛部。[3]

耶覩刮部。[4]

耶迷只部。

撻术不姑部。

渤海部。[5]

西北渤海部。

達里得部，亦曰達离底。

烏古部。

隈烏古部。

三河烏古部。

烏隈烏骨里部。

敵烈部。[6]

迪离畢部。

涅剌部。

烏濊部。

　　　已上三部,隸夫人婆底里東北路管押司。[7]

鉏德部。[8]

諦居部，亦曰諦舉部。

涅剌奧隗部。

八石烈敵烈部。

迭剌葛部。

兀惹部，亦曰烏惹部。

党項部。

隗衍党項部。

山南党項部。

北大濃兀部。

南大濃兀部。

九石烈部。

嗢娘改部。[9]

鼻骨德部。[10]

退欲德部。

涅古部。

遙思拈部。[11]

劃离部，聖宗統和元年劃离部請今後詳穩於當部人内選授，[12]不許。

四部族部。

四蕃部。

三國部。[13]

素昆那山東部。

胡母思山部。[14]

盧不姑部。

照姑部。

白可久部。[15]

俞魯古部。

七火室韋部。

黃皮室韋部。

瑤穩部。

嘲穩部。

二女古部。

蔑思乃部。

麻達里別古部。[16]

梅里急部。[17]

斡魯部。

榆里底乃部。

率類部。

五部蕃部。

蒲奴里部。[18]

閘古胡里扒部。

　　已上諸部。

[1] 拔思母部：遼朝西北部叛服不常的部族之一。本書卷九四《耶律那也傳》："大安九年，爲倒塌嶺節度使。明年冬，以北阻卜長磨古斯叛，與招討都監耶律胡呂率精騎二千往討，破之。那也薦胡呂爲漢人行宮副部署。壽隆元年，復討達理、拔思等有功，賜詔褒美，改烏古敵烈部統軍使，邊境以寧。部民乞留，詔許再任。"這場由阻卜長磨古斯開始的西北諸部叛亂，茶扎剌、拔思母、耶覩刮等部也同時參與，直至壽昌末年纔被平定。

[2] 茶扎剌部：西北方部族。參見上文拔思母條。

[3] 粘八葛部：遼西北方鄰阻卜的部族。本書卷二六《道宗本紀六》載壽昌三年 "阻卜長猛撒葛、粘八葛長禿骨撒、梅里急長忽魯八等請復舊地，貢方物，從之"。

[4] 耶覩刮部：參見上文 "拔思母" 條。

[5] 渤海部：遼朝鎮壓渤海人反抗鬪爭後，從遼東地區遷往中京及上京地區的渤海人組成的部族組織。以下 "西北渤海部" 並同。

[6] "烏隈烏骨里部" 及 "敵烈部"：本卷中二部皆重出。【劉

校】據中華點校本校勘記，"烏隗烏骨里部即上文烏隗于厥部；敵烈部即上文迪烈德，亦曰敵烈或迭烈德，《紀》開泰四年正月作迪烈得。均一部重出"。

[7]婆底里：契丹婦人名。又作婆里德。其夫生前爲東北路兵馬監軍，婆底里代夫行使職權。據本書卷一〇《聖宗本紀一》載：統和三年（985）十一月"丁丑，詔以東北路兵馬監軍妻婆底里存撫邊民"。卷一一又載：統和七年七月"甲午，以迪離畢、涅剌、烏濊三部各四人益東北路夫人婆里德，仍給印綬"。管押司者即朝廷賦與該夫人管押東北路上述三部族的權力。

[8]鉏德部：與小部族中的伯德部爲重出。【劉校】據中華點校本校勘記，"按《部族表》，'會同六年六月，奚鉏勃德部進白麝'。疑鉏德即鉏勃德，亦即伯德部"。

[9]喎娘改部：部族名。又作斡朗改，清代稱唐努烏梁海，其地後爲俄羅斯佔據。

[10]鼻骨德部：又作鱉古德、鼻古德。遼時黑龍江流域部族名。聖宗時分置伯斯鼻古德部與撻馬鼻古德部，均屬東北路統軍司。所在地相當於今黑龍江省富錦市至俄國境内哈巴羅夫斯克（伯力）沿江一帶。

[11]遙思拈部：【劉校】中華點校本校勘記云，"按《紀》開泰八年三月作遙恩拈部"。

[12]統和元年，劃離部請今後詳穩於當部人内選授：元年，當作"二年"。【劉校】中華點校本校勘記云，"按《紀》及《部族表》並作統和二年三月"。

[13]三國部：據本書卷一二《聖宗本紀三》載，統和七年二月"戊寅，阿薩蘭、于闐、轄烈並遣使來貢"，三國部可能即指前述三國。【劉校】據中華點校本校勘記，"三"疑當作"五"，即五國部。下文五部蕃部，亦指此五國部。本書卷九六《蕭樂音奴傳》："監障海東青鶻，獲白花者十三，拜五蕃部節度使。"海東青鶻產於五國，五蕃部即五國部。

[14]胡母思山部：契丹西北方的吐蕃部落。阿保機西征曾到達該部。

[15]白可久部：該部是以酋長名爲部名，白可久爲該部酋長。【劉校】中華點校本校勘記云，"按上文又有退欲德部。《紀》天顯十年四月，'吐谷渾酋長退欲德率衆内附'；會同九年四月，'吐谷渾白可久來附'。退欲德、白可久均爲吐谷渾酋長名。與前吐谷渾、吐渾重出。或是當時吐谷渾之不同部分"。

[16]麻達里別古部：應是達麻里別古部。據本書卷二六《道宗本紀六》，壽隆二年（1069）二月癸亥"振達麻里別古部"。《本紀》係《遼史》舊稿，應以此爲准，《百官志》轉抄失誤。《部族表》雖轉抄，但不誤。

[17]梅里急部：遼西北方鄰近阻卜的部族。參見上文"粘八葛"條。

[18]蒲奴里部：遼東北部族名。與越里篤、剖阿里、奥里米和越里吉統稱五國部。

（李錫厚注　劉鳳翥校）

遼史　卷四七

志第十七上

百官志三

南面[1]

契丹國自唐太宗置都督、刺史，武后加以王封，玄宗置經略使，始有唐官爵矣。[2]其後習聞河北藩鎮受唐官名，於是太師、太保、司徒、司空施于部族，太祖因之。大同元年世宗始置北院樞密使，明年世宗以高勳爲南院樞密，[3]則樞密之設蓋自太宗入汴始矣。天禄四年建政事省。於是南面官僚可得而書。

[1]南面：傅樂焕云：“今《百官志》南面官兩卷,乃北面（契丹）南樞密院一條之複出。”（見《遼史叢考》第 302 頁）

[2]始有唐官爵：《舊唐書》卷一九九下《契丹傳》載，貞觀二十二年（648），“窟哥等部咸請内屬，乃置松漠都督府，以窟哥爲左領軍將軍兼松漠都督府、無極縣男，賜姓李氏。顯慶初，又拜窟哥爲左監門大將軍。其曾孫祜莫離，則天時歷左衛將軍兼檢校彈

汗州刺史，歸順郡王”。

[3]高勳（？—978）：字鼎衞。初仕後晉，爲閤門使。會同九年（開運三年，946）隨杜重威降遼，後北遷。世宗即位，爲樞密使，總漢軍。穆宗應曆間，封趙王，任上京留守、南京留守。景宗即位，以定策功，封秦王。後謀殺蕭思温，事發，伏誅。 明年世宗以高勳爲南院樞密：按此事在同一年（947）。【劉校】據點校本校勘記，“按《紀》，大同元年八月始置北院樞密使，九月改大同元年爲天禄元年，以高勳爲南院樞密即在九月，雖改元而非明年”。

其始漢人樞密院兼尚書省，吏、兵、刑有承旨，户、工有主事，中書省兼禮部，別有户部使司。以營州之地加幽冀之半，[1]用是適足矣。中葉彌文，耶律楊六爲太傅知有三師矣，[2]忽古質爲太尉知有三公矣，[3]於斡古得爲常侍、劉涇爲禮部尚書知有門下、尚書省矣。[4]庫部、虞部、倉部員外出使，則知備郎官列宿之員。室昉監修則知國史有院，[5]程翥舍人則知起居有注，[6]邢抱朴承旨、王言敷學士則知有翰林内制，[7]張斡政事舍人則知有中書外制。大理、司農有卿，國子、少府有監，九卿、列監見矣。金吾、千牛有大將，十六列衞見矣。[8]太子上有師保，下有府率，東宮備官也。節度、觀察、防禦、團練、刺史，咸在方州，如唐制也。凡唐官可考見者列具于篇，[9]無徵者不書。

[1]以營州之地加幽冀之半：此爲遼南京統治區域，即遼的南樞密院（漢人樞密院）及其下轄之地。管轄所及祇限於南京地區。

[2]耶律楊六爲太傅：本書卷一四《聖宗本紀五》載，統和二十三年（1005）“九月甲戌，遣太尉阿里、太傅楊六賀宋主生辰”。

"太尉""太傅"是阿里和楊六兩個契丹官員的加官。遼世宗即位後始有南樞密院和南面官，但是太尉等官稱加於契丹部族官之上，唐末以來流行已久，此事與南面官混爲一談，是元修《遼史》之誤。

[3]忽古質爲太尉：本書卷六《穆宗本紀上》載，應曆二年（952）正月"太尉忽古質謀逆，伏誅"。

[4]於斡古得爲常侍：【劉校】據中華點校本校勘記，"於"字衍。"斡"，原誤"韓"，依本書卷一九《興宗本紀二》重熙十四年（1045）正月及下文改。　劉涇：本書卷一五《聖宗本紀六》載，開泰二年（1013）正月"户部侍郎劉涇加工部尚書"。

[5]室昉（916—991）：遼南京（今北京）人。字夢奇。會同初，登進士第。保寧間，拜樞密使，兼北府宰相，加同政事門下平章事。乾亨初，監修國史。統和九年（991），薦韓德讓自代，不從。病劇，遣翰林學士張斡就第授中京留守，加尚父。卒，年七十五。本書卷七九有傳。

[6]程翥：本書卷一五《聖宗本紀六》載，開泰六年七月"遣禮部尚書劉京、翰林學士吳叔達、知制誥仇正己、起居舍人程翥、吏部員外郎南承顔、禮部員外郎王景運分路按察刑獄"。

[7]邢抱朴（？—1004）：遼應州人。保寧初，爲政事舍人、知制誥。統和四年，加户部尚書。遷翰林學士承旨，與室昉同修《實録》。十二年，拜參知政事。改南院樞密使，二十二年卒，贈侍中。本書卷八○有傳。　王言敷：本書卷二四《道宗本紀四》載，大康七年（1081）六月"以翰林學士王言敷參知政事"。

[8]十六列衛：即十六衛，爲唐代拱衛京師的禁軍，包括左右衛、左右驍衛、左右武衛、左右威衛、左右領軍衛、左右金吾衛、左右監門衛、左右千牛衛。《文獻通考・職官考・官制總序》云："十六衛以嚴其禁禦。"

[9]唐官可考見者具列于篇：上述這段文字中的"唐官"即遼所謂南面官，皆可在《遼史》本紀中考見，因此傅樂焕先生認爲由

此可證《百官志·南面》"全爲元人新作。遼南面官大體沿襲唐制，元人修史時取唐官制以爲式，摘取其見之《遼史》者分繫於下，實爲一篇'《遼史》中所見唐官考'，非根據官書或舊檔著成之詳明遼官志也。故近年來出土之遼代墓誌，爲數雖不多，而其間所見官稱，已多爲《百官志》所不載"（《遼史叢考》第 301 頁）。

南面朝官

遼有北面朝官矣，既得燕、代十有六州，乃用唐制，復設南面三省、六部、臺、院、寺、監、諸衛、東宮之官。誠有志帝王之盛制，亦以招徠中國之人也。

三師府，本名三公，[1]漢以丞相、太尉、御史大夫爲三公，故稱三師：

太師，穆宗應曆三年見太師唐骨德。

太傅，太宗會同元年命馮道守太傅。[2]

太保，會同元年劉昫守太保。[3]

少師，《耶律資忠傳》見少師蕭把哥。[4]

少傅。

少保。

掌印，耶律乙辛重熙中掌太保印。[5]

三公府，先漢丞相、太尉、御史大夫，後漢更名大司徒、大司馬、大司空。唐太尉、司徒、司空，又名三司：

太尉，太宗天顯十一年見太尉趙思温。[6]

司徒，世宗天禄元年見司徒劃設。

司空，聖宗統和三十年見司空邢抱質。

[1]"三師"及"三公"：據《新唐書》卷七五《宰相世系表》，三公、三師七十一人，其中宗室親王二十人，以宰相及前宰相遷者二十七人，以軍功進者二十人，以恩澤進者四人。三公、三師並無實際職掌，祇是作爲對親貴、功臣的優禮。《文獻通考·職官考·官制總序》："宋朝設官之制，名號、品秩一切襲用唐舊，然三師、三公不常置，宰相不專用三省長官，中書、門下並列於外，又別置中書於禁中，是謂政事堂，與樞密院對掌大政。"遼置三公、三師亦與唐宋相類似。

[2]馮道（882—954）：瀛州景城（今河北省滄州市）人。字可道。歷仕後唐、後晉、後漢、遼和後周，居相位。晚年自稱"長樂老"，頗以能在時勢多變的情況下自保榮華富貴而得意，但亦能提醒統治者不忘民間疾苦。此外，他還是首先宣導雕印"九經"者。　守太傅：非本制，地位稍遜。唐宋官制中有"檢校""兼""守""判""知"之類，皆非本制。宋人洪邁《容齋三筆》卷四《舊官銜冗贅》："會稽禹廟有唐天復年越王錢鏐所立碑，其全銜九十五字，尤爲冗也。"遼的南面官沿襲唐末五代官銜，冗贅舊習，如《禮志》中一再提及官員在典禮中要"通全銜"。所謂"全銜"，不僅包括官員的官職，還包括階、勳、檢校、持節等。比如，《熱河志》卷九八載白川州廢城址內、內有遼開泰二年（1013）《佛頂尊勝陀羅尼石幢記》，爲白川州官吏所建，石幢記落款有："長寧軍節度掌書記、儒林郎、試大理評事、武騎尉王桂撰；長寧軍節度管內觀察處置等使、金紫崇禄大夫、檢校太傅、使持節白川州諸軍事、白川州刺史兼御史大夫、上柱國（以下俱闕）。"石幢左方列銜可辨識者有："銀青崇禄大夫兼監察御史、武騎尉、商稅麴務都監王元泰；銀青崇禄大夫兼監察御史、武騎尉、同兼麴務張翼；三司押衙、麴務判官兼知商稅事翟可行；銀青崇禄大夫、檢校工部尚書兼御史大夫、上柱國崔宸；儒林郎、試大理寺評事、守白川州咸康縣令、武騎尉王□；銀青崇禄大夫、檢校左散騎常侍、兼殿中侍御史、驍騎尉江濤；觀察判官、儒林郎、試大理司直、雲騎尉、賜

緋魚袋田能成；內觀察處置等使、金紫崇禄大夫、檢校太傅、使持節白川州諸軍事、白川州刺史兼御史大夫、上柱國、鉅鹿縣開國子、食邑五百户耿延皆。"

[3]劉昫（888—947）：涿州（今屬河北省）人。後唐明宗時拜相。後晉天福初，爲東都留守，判河南府事。曾奉使契丹。開運初復拜相。契丹德光陷汴京，仍舊以昫爲宰相。同年以病卒。《通鑑》卷二八一《後晉紀》高祖天福三年（938）載："帝上尊號於契丹主及太后，[八月]戊寅，以馮道爲太后册禮使，左僕射劉昫爲契丹主册禮使，備鹵簿、儀仗、車輅，詣契丹行禮，契丹主大悦。【劉校】劉昫，原本、南監本、北監本和殿本均作"劉煦"，中華點校本及修訂本據上下文徑改。今從改。

[4]耶律資忠：字沃衍，小字剗剌，系出仲父房。博學，工辭章。開泰中授中丞。初，高麗臣服，遼取女直六部地賜高麗。後與高麗交惡，遼聖宗詔資忠前往索還六州舊地。高麗無歸地意。開泰三年再使高麗，被留。資忠每懷君親，輒有著述，號《西亭集》。返回後，出知來遠城事，歷保安、昭德二軍節度使。本書卷八八有傳。《高麗史》卷四《顯宗世家》載，顯宗四年（遼開泰二年）三月戊申，"契丹使左監門衞大將軍耶律行平來，責取興化等六城"。秋七月戊申，"契丹使耶律行平復來索六城"。顯宗五年（開泰三年）夏四月庚申，"契丹使將軍耶律行平來，又索六城，拘留不遺"。此耶律行平即《遼史》中的耶律資忠。行平（資忠）直至開泰九年纔被高麗放回。《高麗史》卷四《顯宗世家》載，顯宗十一年三月癸丑，"歸契丹使耶律行平"。

[5]耶律乙辛（？—1083）：五院部人。字胡覩衮。重熙中，爲文班吏，掌太保印。道宗清寧五年（1059），爲南院樞密使，改知北院，封趙王。九年，重元亂平，拜北院樞密使，進封魏王。咸雍五年（1069），加守太師。詔四方有軍旅，許以便宜從事，勢震中外。大康元年（1075），誣皇后致死，三年又害死太子耶律濬。七年冬，坐以禁物鬻入外國，幽於來州。九年，謀奔宋及私藏兵甲

事發，伏誅。卷一一〇有傳。

　　[6]趙思溫（？—939）：盧龍（今屬河北省）人。字文美。原
爲燕帥劉仁恭部將，後降後唐莊宗李存勗，任平州刺史兼平營薊三
州都指揮使。降遼後從太祖征渤海，爲漢軍都團練使。太宗時，爲
南京留守、盧龍軍節度使。本書卷七六有傳。

　　漢人樞密院本兵部之職，[1]在周爲大司馬，漢爲太
尉。唐季宦官用事，内置樞密院，[2]後改用士人。晉天
福中廢，[3]開運元年復置。[4]太祖初有漢兒司，韓知古總
知漢兒司事。[5]太宗入汴，因晉置樞密院，掌漢人兵馬
之政，初兼尚書省。[6]

　　　樞密使，太宗大同元年見樞密使李崧。[7]

　　　知樞密使事。

　　　知樞密院事。

　　　樞密副使，楊遵勗咸雍中爲樞密副使。[8]

　　　同知樞密院事，聖宗太平六年見同知樞密院
事耶律迷離已。

　　　知樞密院副使事，楊皙興宗重熙十二年知樞
密院副使事。[9]

　　　樞密直學士，聖宗統和二年見樞密直學士
郭嘏。[10]

　　　樞密都承旨，聖宗開泰九年見樞密都承旨韓
紹芳。[11]

　　　樞密副承旨，楊遵勗重熙中爲樞密副承旨。

　　　吏房承旨。

　　　兵刑房承旨。[12]

户房主事。

廳房即工部主事。[13]

[1]漢人樞密院：即南樞密院。《長編》卷一一〇宋仁宗天聖九年（遼太平十一年，1031）六月丁丑載："其官有契丹樞密院及[契丹]行宫都總管司，謂之北面，以其在牙帳之北，以主蕃事；又有漢人樞密院、中書省、[漢人]行宫都總管司，謂之南面，以其在牙帳之南，以主漢事。"

[2]唐季宦官用事，内置樞密院：樞密使之設，最初始於唐中葉，以宦官充任。《册府元龜》卷三〇八《宰輔部總序》云："唐氏中葉有樞密之任，宣傳制命，掌以内侍，宋（朱）梁而降，大建官署，崇署使號，並分吏局，兵戎之政、邦國之務，多所參掌，均於宰府。"五代時，樞密使已用士人充任，其事權越來越重。

[3]天福：後晉高祖及出帝年號（936—944）。

[4]開運：後晉出帝年號（944—947）。

[5]韓知古：薊州玉田（今屬河北省）人。早年爲契丹俘獲，阿保機即位後，受命爲中書令。其子孫韓匡嗣、韓德讓在遼位高權重，韓氏遂成爲遼朝漢人第一高門。本書卷七四有傳。

[6]初兼尚書省：【劉校】兼，原本作"無"，中華點校本及修訂本據明抄本、南監本、北監本和殿本改。今從改。

[7]李崧（？—947）：深州饒陽（今屬河北省）人。初爲唐魏王繼岌掌書記，從繼岌破蜀。明宗時，力薦以石敬瑭捍衛太原，其後晉高祖石敬瑭以兵入京師，拜中書侍郎、同中書門下平章事兼樞密使。出帝即位，以崧兼判三司，與馮玉對掌樞密。崧等又信趙延壽詐降，並數稱杜重威之材，晉卒以重威將大兵，其後敗於中渡。晉亡，契丹耶律德光入汴，稱："吾破南朝，得崧一人而已！"乃拜崧太子太師。契丹北還，崧與馮道等得還。北漢初，河中李守貞反，崧因被誣以蠟丸書通守貞，族誅。《舊五代史》卷一〇八及

《新五代史》卷五七有傳。

　　[8]楊遵勗：涿州范陽人。重熙十九年（1050）登進士第，調儒州軍事判官，累遷樞密院副承旨。道宗大康初爲參知政事，拜南府宰相。本書卷一○五有傳。

　　[9]楊晳（？—1079）：安次（今河北省廊坊市）人。字昌時。太平十一年進士。興宗朝累遷樞密都承旨、權度支使。咸雍初拜樞密使。本書卷八九有傳。

　　[10]樞密直學士郭嘏（jiǎ）：爲“鄭嘏”之誤。【劉校】據中華點校本校勘記，“按《紀》統和二年十一月作鄭嘏”。

　　[11]韓紹芳：遼聖宗太平四年爲樞密直學士，興宗重熙十二年官至參知政事。

　　[12]兵刑房承旨：據《三朝北盟會編》卷二一，“尚書省併入樞密院，有副都承旨，吏房、兵刑房承旨”。可知，南樞密院兵刑爲一房，《百官志》所載不誤。南面不主兵，故兵刑合一。中華點校本校勘記所言非是。【劉校】據中華點校本校勘記，“按史願《亡遼録》：‘尚書省併入樞密院，有副都承旨，吏房、兵房、刑房承旨。’據此，兵、刑分房”。

　　[13]廳房即工部主事：原文誤倒，據中華點校本改。中華點校本本卷校勘記載，“原‘即工部’與‘主事’誤倒。按《亡遼録》：‘户房、廳房即工部也，主事各一員。’據改。”按，《亡遼録》一書今已不存，中華點校本所引該條見《三朝北盟會編》卷二一。

　　中書省，初名政事省。太祖置官，世宗天祿四年建政事省，興宗重熙十三年改中書省。[1]

　　　　中書令，韓延徽太祖時爲政事令，[2]韓知古天顯初爲中書令，會同五年又見政事令趙延壽。[3]

　　　　大丞相，太宗大同元年見大丞相趙延壽。

　　　　左丞相，聖宗太平四年見左丞相張儉。[4]

右丞相，聖宗開泰元年見右丞相馬保忠。[5]

知中書省事，蕭孝友興宗重熙十年知中書省事。[6]

中書侍郎，韓資讓壽隆初爲中書侍郎。[7]

同中書門下平章事，[8]太祖加王郁同政事門下平章事，[9]太宗大同元年見平章事張礪。[10]

參知政事，[11]聖宗統和十二年見參知政事邢抱朴。

堂後官，[12]太平二年見堂後官張克恭。

主事。

守當官，[13]並見耶律儼建官制度。[14]

令史，耶律儼道宗咸雍三年爲中書省令史。

中書舍人院：

中書舍人，[15]室昉景宗保寧間爲政事舍人，道宗咸雍三年見中書舍人馬鉉。

右諫院：

右諫議大夫，聖宗統和七年見諫議大夫馬得臣。[16]

右補闕。

右拾遺，劉景穆宗應曆初爲右拾遺。[17]

[1]重熙十三年改中書省：【劉校】據中華點校本校勘記，“檢《紀》，改中書省在重熙十二年”。會同三年（940）六月稱中書令蕭僧隱，五年正月又稱政事令。

[2]韓延徽（882—959）：安次（今河北省廊坊市）人。字藏

明。奉燕帥劉守光之命出使契丹，阿保機留之，令其參與謀議。本書卷七四有傳。　政事令：遼朝南面宰相。遼世宗天禄四年（950）建政事省之前，漢人宰相無定稱；建政事省之後，南面宰相稱“政事令”，且多由契丹貴族擔任這一職務。

[3]趙延壽（？-948）：恒山（今河北省正定縣）人。本姓劉，後爲劉守光偏將趙德鈞養子，改姓趙，並娶後唐明宗李嗣源之女爲妻。明宗即位，延壽爲駙馬都尉，樞密使。清泰三年（天顯十一年，936），在契丹圍攻晉安寨之役中與其父德鈞一同降遼。遼以延壽爲南京留守，總山南事。會同初，加政事令。大同元年（947），遼滅晉，趙延壽率漢軍攻入汴京，求爲皇太子，遼太宗不許。授中京留守。太宗死後又與兀欲爭位，失敗後被囚禁。次年，病死。本書卷七六有傳。

[4]張儉（963—1053）：宛平人。舉進士第一，受到聖宗賞識，太平六年（1026），爲南院樞密使。聖宗不豫，受遺詔輔立太子，即後來的興宗，拜太師、中書令，加尚父，徙王陳。在相位二十餘年。本書卷八〇有傳。

[5]“太平四年見左丞相張儉”至“開泰元年見右丞相馬保忠”：張儉與馬保忠任職時間與《本紀》所載不合。張儉任左丞相在太平六年，馬保忠任右丞相在開泰二年（1013）。中華點校本校勘記發現此類問題頻見，遂言“此類歧異不備注”。

[6]蕭孝友（990—1063）：契丹外戚蕭孝穆之弟。字撻不衍，小字陳留。開泰初，以戚屬爲小將軍。太平元年，以大册，加左武衛大將軍、檢校太保，賜名孝友。重熙元年（1032），累遷西北路招討使，封蘭陵郡王。八年，進王陳。十年，加政事令。清寧初，加尚父。後坐子胡覩首與重元亂，伏誅，年七十三。卷八七有傳。

[7]韓資讓：遼初著名漢臣韓延徽後代，韓紹芳之孫。壽昌初年拜中書侍郎、平章事。後任遼興軍節度使。本書卷七四有傳。

[8]同中書門下平章事：唐制，大臣中有此名義者即爲事實上的宰相。遼襲唐制，在分設北、南面官之後，以同中書門下平章事

爲南面宰相。

[9]王郁：京兆萬年（今陝西省西安市）人。唐義武軍（治所在定州）節度使王處直之子，後晉李克用的女婿，爲新州防禦使。神册六年（921）携家室及所部降遼。本書卷七五有傳。【劉校】郁，原本作"都"。據中華點校本校勘記，本書卷七五《王郁傳》："從太祖平渤海，戰有功，加同政事門下平章事。"王都未曾入遼。據改。

[10]張礪（？—947）：磁州滏陽（今河北省磁縣）人。字夢臣。後唐同光初，擢進士第，初仕後唐，後入契丹。會同初，升翰林承旨，兼吏部尚書，從德光伐晉。入汴，建言"宜以中國人治之，不可專用國人及左右近習"。德光不聽。德光死後，爲蕭翰迫害致死。本書卷七六及《舊五代史》卷九八有傳。

[11]參知政事：官名。始見於唐前期，宋初作爲宰相，至真宗以後，其地位更與宰相同平章事等。遼朝參知政事的地位類似宋朝的參知政事，與同中書門下平章事一樣，都是中書省長官，都是宰相。

[12]堂後官：原屬幕職、堂吏。《太平治迹統類》卷二九《官制沿革》："自唐至〔後〕漢、〔後〕周，率自京有司以有文才能書札、行正廉幹者抽補分掌諸房公事，年深即授檢校、少卿、監、同正、將軍。"

[13]守當官：此爲吏，而非官。《宋史》卷一六一《職官志》載，門下省"惟班簿本省雜務則歸吏房，吏四十有九，録事、主事各三人，令史六人，書令史十有八人，守當官十有九人，而外省吏十有九人，令史一人，書令史二人，守當官六人，守闕守當官十人"。

[14]耶律儼（？—1113）：析津府（今北京市）人。字若思，本姓李氏。咸雍進士。壽昌初，授樞密直學士。拜參知政事。修《皇朝實録》七十卷。本書卷九八有傳。

[15]中書舍人：《唐六典·中書省》："中書舍人六人，正五品

上。中書舍人掌侍奉進奏、參議表章。凡詔旨、制敕及璽書、册命皆按典故起草進畫。既下，則署而行之。"

[16]馬得臣（?—989）：遼南京人。保寧間，累遷政事舍人、翰林學士。乾亨初，命爲南京副留守，復拜翰林學士承旨。聖宗即位，皇太后稱制，兼侍讀學士。本書卷八〇有傳。

[17]劉景（921—988）：河間（今河北省河間市）人。字可大。燕王趙延壽辟爲幽都府文學。應曆初，遷右拾遺、知制誥，爲翰林學士。景宗即位，任禮部尚書、宣政殿學士。頃之，爲南京副留守。與韓德讓共理京事。統和六年（988）致仕，加兼侍中。卒，年六十七。本書卷八六有傳。

門下省：

　　侍中，[1]趙思忠太宗會同中爲侍中。

　　常侍，興宗重熙十四年見常侍斡古得。

　　散騎常侍，[2]馬人望天祚乾統中爲左散騎常侍。[3]

　　給事中，[4]聖宗統和二年見給事中郭嘏。

　　門下侍郎，[5]楊晳清寧初爲門下侍郎。

起居舍人院：

　　起居舍人，[6]聖宗開泰五年見起居舍人程翥。

　　知起居注，[7]耶律敵烈重熙末知起居注。

　　起居郎，杜防開泰中爲起居郎。

左諫院：

　　左諫議大夫。[8]

　　左補闕。[9]

　　左拾遺，[10]統和三年見左拾遺劉景。

通事舍人院：

通事舍人，[11]統和七年見通事舍人李琬。

符寶司：

符寶郎，[12]耶律玦重熙初爲符寶郎。

東上閤門司，太宗會同元年置：

東上閤門使，[13]《韓延徽傳》見東上閤門使鄭延豐。

東上閤門副使。

西上閤門司：

西上閤門使，統和二十一年見西上閤門使丁振。

西上閤門副使。

東頭承奉班：

東頭承奉官，[14]韓德讓景宗時爲東頭承奉官。[15]

西頭承奉班：

西頭承奉官。

通進司：[16]

左通進。

右通進，耶律瑤質景宗時爲右通進。[17]

登聞鼓院：[18]

登聞鼓使。

匭院：[19]

知匭院使，太平三年見知匭院事杜防。

誥院：[20]

誥院給事，耶律鐸斡重熙末爲誥院給事。[21]

[1]侍中：官名。唐不設尚書令，最初以左、右僕射與中書令、侍中同爲宰相。中宗以後，不加同中書門下平章事者即不爲宰相。

[2]散騎常侍：據《文獻通考·職官考·門下省》："〔唐〕貞觀十七年復置，爲職事官。始以劉洎爲之，其後定制置四員，屬門下，掌侍從、規諫。顯慶二年遷二員隸屬中書，分爲左右。"左屬門下，右屬中書。

[3]馬人望：字儼叔。高祖馬胤卿，原爲石晉青州刺史，被俘，一族被遷徙至醫巫閭山。人望曾祖廷煦，官至南京留守。人望咸雍年間，進士及第，任松山縣令。轉任涿州新城縣知縣。被擢升中京度支司鹽鐵判官。天祚即位後，轉任南京三司度支判官，改任警巡使，後拜參知政事，判南京三司使事，又拜南院樞密使。本書卷一〇五有傳。

[4]給事中：唐因隋制置給事中。《唐六典·門下省》："給事中四人，正五品上"，"掌侍奉左右，分判省事。凡百司奏抄，侍中審定，則先讀而署之，以駁正違失。"

[5]門下侍郎：唐置門下侍郎二人，掌侍從署奏、矯正違失、通判省事。若侍中闕，則監封題、給驛券。

[6]起居舍人：據《唐六典·中書省》："起居舍人二人，從六品上。""掌修紀言之史，録天子之制誥、德音，如記事之制，以紀時政之損益，季終則授之於國史。"

[7]知起居注：官名。負責侍從皇帝、記載皇帝的言行。唐宋時凡朝廷命令赦宥、禮樂法度、賞罰除授、群臣進對、祭祀宴享、臨幸引見、四時氣候、户口增減、州縣廢置等事，皆按日記載。宋人王楙《野客叢書》卷一五："漢《起居注》在宮爲女史之職，自魏晉以來，《起居注》皆近侍之人所録，不復女職矣。"

[8]諫議大夫：《通典·職官典·宰相並官屬》：唐"以諫議大夫屬門下，凡四人，掌侍從、規諫"。

[9]補闕：《舊唐書》卷四三《職官志》："補闕、拾遺之職，掌供奉、諷諫、扈從乘輿，凡發令舉事有不便，於時不合於道，大

則廷議，小則上封。若賢良之遺滯於下，忠孝之不聞於上，則條其事狀而薦言之。"

[10]拾遺：見上文"補闕"條。

[11]通事舍人：官名。唐於中書省置通事舍人十六人，從六品上，掌朝見引納、殿庭通奏。四夷入貢，也經由通事舍人轉呈皇帝。後，任此職者多通"四夷"語言。

[12]符寶郎：官名。唐官。據《文獻通考‧職官考‧門下省》載，"其符節並納於宮中，有行從則請之。郎掌諸進符寶、出納幡節也"。

[13]閤門使：官名。即古者擯相之職。唐末、五代"凡取稟旨命、供奉乘輿、朝會遊宴，及贊導三公、群臣、蕃國朝見、辭謝，糾彈失儀之事"，由閤門使、副掌管。閤門使多以處武臣。參見《文獻通考‧職官十二》。

[14]東頭承奉官：遼金官名。屬近侍。承奉，據中華點校本校勘記，石刻中並作供奉。金避章宗父允恭嫌名，改爲承奉。

[15]韓德讓（941—1011）：韓匡嗣第四子。統和初年承天稱制，韓德讓以南院樞密使的身份"總宿衛事"。統和十七年（999），北院樞密使、魏王耶律斜軫病故，承天太后以韓德讓兼知北院樞密使事，至此，遼朝的蕃漢軍政大權集其一身。統和二十二年，承天太后又賜韓德讓姓耶律，徙封晉王，並且仍舊爲大丞相，事無不統。次年十一月，她又詔德讓"出宮籍，屬於橫帳"。二十八年更名耶律隆運。與遼聖宗耶律隆緒是一個字輩。本書卷八二有傳。

[16]通進司：《宋史》卷一六一《職官志》："通進司，隸給事中，掌受三省、樞密院、六曹、寺、監百司奏牘，文武近臣表疏及章奏房所領天下章奏、案牘，具事目進呈，而頒布於中外。"

[17]耶律瑤質：積慶宮人。篤學廉介，統和十年，累遷至積慶宮使。從聖宗征高麗，以功擢拜四蕃部詳穩。本書卷八八有傳。

[18]登聞鼓院：本卷所載登聞鼓院，主官是登聞鼓使。但

《遼史》中並無任何人任職這一機構的記載。《文獻通考》卷六〇登聞鼓院條記載，宋朝原有"鼓司"，以內臣掌之，"景德四年詔改爲登聞鼓院，掌諸上封而進之，以達萬人之情。隸司諫、正言，凡文武臣寮、閤門無例通進文字者，並先經登聞鼓院進狀。未經鼓院者，檢院不得收接"。《能改齋漫録》卷二登聞鼓院之始條根據高承《事物紀原》記載登聞鼓院之始云："《國朝會要》曰鼓院舊曰鼓司，景德四年五月九日詔改爲登聞鼓院。"此外，《玉海》和《山堂群書考索》也都記載景德四年（遼統和二十四年）宋改鼓司爲登聞鼓院。

[19]匭院：《新唐書》卷四七《百官志》："武后垂拱二年，有魚保宗者，上書請置匭以受四方之書，乃鑄銅匭四，塗以方色，列於朝堂：青匭曰'延恩'，在東，告養人、勸農之事者投之；丹匭曰'招諫'，在南，論時政得失者投之；白匭曰'伸冤'，在西，陳抑屈者投之；黑匭曰'通玄'，在北，告天文祕謀者投之。以諫議大夫、補闕、拾遺一人充使，知匭事。御史中丞、侍御史一人爲理匭使。其後，同爲一匭。"

[20]誥院：五代後周有官誥院。《五代會要》卷二二《吏曹裁製》："每年及第舉人，自於官誥院納官錢一千，買綾紙五張并縹軸，於當曹寫印縫縫，給於官誥院。"

[21]重熙末爲誥院給事：【靳校】"誥"，原本作一字空格。中華修訂本據明抄本、南監本、北監本和殿本補。今從。

尚書省，[1]太祖嘗置左右尚書：

尚書令，蕭思溫景宗保寧初爲尚書令。[2]

左僕射，[3]太祖初康默記爲左尚書，[4]三年見左僕射韓知古。

右僕射，太宗會同元年見右僕射烈束。

左丞，武白爲尚書左丞。

右丞。

左司郎中。

右司郎中。

左司員外郎。

右司員外郎。

[1]尚書省：遼不設尚書省。太祖時期的尚書左、右僕射與後面形成的南面官系統無關。

[2]蕭思温（？—970）：宰相蕭敵魯族弟忽没里之子。小字寅古。通書史。穆宗時爲南京留守，但畏懦不敢戰。應曆八年（958），後周占領束城，遼軍退渡滹沱河而屯，思温飾他説請濟師。已而，後周圍瀛州，陷益津、瓦橋、淤口三關，迫近固安，思温不知計所出。十九年，穆宗遇弑。思温與南院樞密使高勛、飛龍使女里等立景宗。保寧初，爲北院樞密使，兼北府宰相，仍命世預其選。思温女册爲皇后（即睿智皇后），加尚書令，封魏王。保寧二年（970），爲賊所害。本書卷七八有傳。

[3]僕射：唐官名。唐不設尚書令，最初以左、右僕射與中書令、侍中爲宰相。中宗以後，不加同中書門下平章事者即不爲宰相。

[4]康默記（？—927）：原爲薊州衙校，後爲阿保機俘獲。爲阿保機辦理與中原交涉事宜，並參與執法斷獄及軍事活動，還曾主持修建皇都及阿保機陵墓。爲阿保機佐命功臣之一。本書卷七四有傳。

六部職名總目：

某部：

某部尚書，聖宗開泰元年見吏部尚書劉績。

某部侍郎，王觀興宗重熙中爲兵部侍郎，[1]李澣穆宗朝累遷工部侍郎。

某部郎中，劉輝道宗大安末爲禮部郎中。

某部員外郎，開泰五年見禮部員外郎王景運。

某部郎中，[2]聖宗統和九年見虞部郎中崔祐。

諸曹郎官未詳。

[1]王觀：遼南京人。博學有才辯。重熙七年（1038），中進士乙科。道宗朝賜國姓，參知政事，兼知南院樞密事。後因矯制修私第，削爵爲民。本書卷九七有傳。

[2]某部郎中：【劉校】據中華點校本校勘記，“此目重出。按上文有禮部郎中劉輝。又《紀》統和九年崔祐官虞部員外郎。員外郎、郎中即郎官”。

御史臺，[1]太宗會同元年置：

御史大夫，會同九年見御史大夫耶律解里。[2]

御史中丞。

侍御，重熙七年見南面侍御壯骨里。

[1]御史臺：御史爲風霜之任，彈糾不法，百僚震恐，官之雄峻莫之比焉（《通典》卷二四《職官典·御史臺》）。

[2]耶律解里（？—914）：即海里，亦即耶律轄底之子迭里特。據本書卷一一二《耶律轄底傳》：迭里特“太祖在潛，已加眷遇，及即位拜迭刺部夷离堇”。後從剌葛亂，與其父轄底俱被縊殺。

殿中司：[1]

殿中，聖宗開泰元年見殿中高可恒。

殿中丞。

尚舍局，見《遼朝雜禮》。[2]

　　奉御。

尚乘局奉御。

尚輦局。

　　奉御。

尚食局。

　　奉御。

尚衣局。

　　奉御。

[1]殿中司：所轄諸局其職掌與北面官中的承應小底局同。疑遼朝無殿中司諸局。

[2]《遼朝雜禮》：書名。原書今已不存，但《遼史》禮、樂、儀衛諸志多取材於是書，元臣纂修《遼史》，得見太常卿徐世隆家藏《遼朝雜禮》。

翰林院，[1]掌天子文翰之事：

　　翰林都林牙，興宗重熙十三年見翰林都林牙耶律庶成。[2]

　　南面林牙，耶律磨魯古聖宗統和初爲南面林牙。

　　翰林學士承旨，《趙延壽傳》見翰林學士承旨張礪。

　　翰林學士，太宗大同元年見和凝爲翰林學士。[3]

翰林祭酒，韓德崇景宗保寧初爲翰林祭酒。

知制誥，[4]室昉太宗入汴詔知制誥。

翰林畫院：

　翰林畫待詔，聖宗開泰七年見翰林畫待詔陳升。[5]

　翰林醫官，[6]天祚保大二年見提舉翰林醫官李奭。

國史院：[7]

　監修國史，聖宗統和九年見監修國史室昉。

　史館學士，景宗保寧八年見史館學士。

　史館修撰，劉輝大安末爲史館修撰。

　修國史，耶律玦重熙初修國史。

[1]翰林院：始於唐玄宗開元間。宋人葉夢得《石林燕語》卷七："唐翰林院本內供奉藝能技術雜居之所，以辭臣侍書詔其間，乃藝能之一爾。"

[2]耶律庶成：皇族，季父房之後。字喜隱，小字陳六。通曉契丹文及漢文，善於作詩。聖宗時曾參與修訂律令；興宗時又參與修史，與蕭韓家奴錄遙輦可汗至重熙以來事蹟。原來，契丹醫人很少懂得切脉、審藥，庶成奉命譯方脉書行於遼，自此以後，雖諸部族亦知醫事。爲妻胡篤所誣，以罪奪官，使吐蕃凡十二年，清寧間始歸。本書卷八九有傳。

[3]和凝（898—955）：鄆州須昌（今山東省東平西北）人。字成績。舉進士，後梁義成軍節度使賀瑰辟爲從事。後唐天成中，拜殿中侍御史，累遷翰林學士，知貢舉。後晉天福五年（940），拜中書侍郎、同中書門下平章事。出帝即位，加右僕射，歲餘，罷平章事，遷左僕射。漢高祖時，拜太子太傅，封魯國公。顯德二年

（955）卒，年五十八，贈侍中。《舊五代史》卷一二七及《新五代史》卷五六有傳。

[4] 知制誥：為皇帝起草命令的官員。宋人洪邁《容齋三筆》卷一二《侍從兩制》："國朝官稱謂大學士至待制為'侍從'，謂翰林學士、中書舍人為'兩制'，言其掌行內外制也。舍人官未至者，則云'知制誥'，故稱美之為三字。"

[5] 陳升：宮廷畫師。本書卷一六《聖宗本紀七》開泰七年（1018）秋七月"詔翰林待詔陳升寫《南征得勝圖》於上京五鸞殿"。宋有翰林圖畫院，亦稱翰林圖畫局，也有待詔。

[6] 翰林醫官：即"太醫"。有關遼代醫官的記載，如宮分人耶律敵魯通醫術，察看患者形色，即知病之所在。統和中，此人見韓德讓日益貴寵，於是就有意識地向他獻殷勤，聲稱德讓應賜"國姓"，由是博得承天太后及韓德讓的好感，准予他家世預太醫之選。又有 1976 年內蒙古自治區寧城縣出土的遼保安軍節度使鄧中舉墓誌記載，其祖父鄧延貞是一位長於治療齒疾的御醫，興宗時，法天皇太后患齒疾，"工治不驗，因召入，遂以術止之"（《遼鄧中舉墓誌》，見向南《遼代石刻文編》，河北教育出版社 1995 年版，第 488 頁）。

[7] 國史院：纂修實錄、國史的機構。遼朝重視修史，本書卷七九《室昉傳》載景宗乾亨初，漢臣室昉拜樞密使，兼北、南宰相，監修國史。至統和八年（990），他"表進所撰《實錄》二十卷"。興宗時期，又詔蕭韓家奴與耶律庶成等錄遙輦可汗至重熙以來事蹟，集為二十卷。道宗大安元年（1085），史臣又進太祖以下《七帝實錄》，即太祖、太宗、世宗、穆宗、景宗、聖宗和興宗的實錄。這是見於《遼史》記載的遼朝第三次纂修實錄。本書卷九八《耶律儼傳》載，遼朝末年，耶律儼嘗修《皇朝實錄》七十卷。這是遼朝第四次纂修立國以來歷代皇帝《實錄》。宋人王銍在其所著《默記》卷下載趙至忠書中一件事云："趙至忠虜部自北廷歸朝，嘗仕遼中，為翰林學士，修國史，著《北廷雜記》之類甚多。"

宣政殿：

　　宣政殿學士，穆宗應曆元年見宣政殿學士李瀚。[1]

觀書殿：

　　觀書殿學士，王鼎壽隆初爲觀書殿學士。[2]

昭文館：

　　昭文館直學士，楊遵勖子晦爲昭文館直學士。

崇文館：

　　崇文館大學士，韓延徽太祖時爲崇文館大學士。

乾文閣：

　　乾文閣學士，王觀道宗咸雍五年爲乾文閣學士。

宣徽院，太宗會同元年置：

　　宣徽使，知宣徽院事，馬得臣統和初知宣徽院事。

　　宣徽副使。

　　同知宣徽使事。

　　同知宣徽院事。

　　[1]李瀚：約公元940年前後在世。字日新。先仕晉，後入遼。累官至宣政殿學士。本書卷六《穆宗本紀上》載，應曆二年（952）六月壬辰，“國舅政事令蕭眉古得、宣政殿學士李瀚等謀南奔，事覺，詔暴其罪”。《通鑑》卷二九〇後周太祖廣順二年（952）六月記事：“太子賓客李濤之弟瀚，在契丹爲勤政殿學士，與幽州節度使蕭海真善。海真，契丹主兀欲之妻弟也，瀚説海真内

附，海真欣然許之。灝因定州諜者田重霸齎絹表以聞，且與濤書，言：'契丹主童騃，專事宴遊，無遠志，非前人之比，朝廷若能用兵，必克；不然，與和，必得。二者皆利於速，度其情勢，他日終不能力助河東者也。'壬寅，重霸至大梁，會中國多事，不果從。"本書卷一〇三有傳。

[2]王鼎：涿州（今屬河北省）人。字虛中。清寧進士，官至翰林學士，壽昌間升任觀書殿學士，後因細故，被奪官，流放到遼朝境內西北部的鎮州。流放期間所作《焚椒錄》，記道宗宣懿皇后冤案始末，多不見載於《遼史》。本書卷一〇四有傳。

　　内省：[1]

　　　　内省使，聖宗太平九年初見内省使。

　　　　内省副使。

　　　内藏庫。

　　　　内藏庫提點，道宗清寧元年見内藏庫提點耶律烏骨。

　　　内侍省：[2]

　　　　黄門令。

　　　　内謁者。

　　　　内侍省押班。

　　　　内侍左廂押班。

　　　　内侍右廂押班。

　　　　契丹、漢兒、渤海内侍都知。

　　　　左承宣使。

　　　　右承宣使。

　　　内庫：[3]

都提點內庫。

尚衣庫：

尚衣庫使。

湯藥局：

都提點、勾當湯藥。

內侍省官，並見《王繼恩》《趙安仁傳》。

客省，[4]太宗會同元年置：

都客省，興宗重熙十年見都客省回鶻重哥。

客省使，會同五年見客省使耶律化哥。[5]

左客省使，蕭護思應曆初爲左客省使。

右客省使。

客省副使。

四方館：[6]

四方館使，高勳太宗入汴爲四方館使。

四方館副使，道宗咸雍五年詔四方館副使止以契丹人充。

引進司：

引進使，聖宗統和二十八年見引進使韓杞。

點簽司：

同簽點簽司事，興宗重熙六年見同簽點簽司事耶律圓寧。[7]

禮信司：

勾當禮信司，[8]興宗重熙七年見勾當禮信司骨欲。

禮賓使司：

禮賓使，大公鼎曾祖忠爲禮賓使。

[1]内省：宋人程俱《麟臺故事》卷四載：“大中祥符八年榮王宫火，焚及崇文院，命翰林學士陳彭年檢討建置館閣故事。彭年言：唐中書、門下兩省，宫城之内有内省，宫城之外有外省。”可知“内省”即中書、門下兩省在宫内之辦公處所。據本書《營衛志·行營》：“皇帝四時巡守，契丹大小内外臣僚并應役次人，及漢人宣徽院所管百司皆從。漢人樞密院、中書省唯摘宰相一員，樞密院都副承旨二員，令史十人，中書令史一人，御史臺、大理寺選摘一人扈從。”“宰相以下，還於中京居守，行遣漢人一切公事。”因此，在捺鉢行宫中自當有漢人樞密院、中書省官員的辦公處，這就是所謂“内省”。遼的冬夏捺鉢其佈局略似紫禁城，但規模不可同日而語。沈括於熙寧八年（遼大康元年，1075）使遼，當年五月至遼廷——道宗設在犢山（又作拖古烈，在永安山附近）的夏捺鉢，他見到的情形是這樣的：“有屋，單于（道宗）之朝寢、后蕭之朝寢凡三，其餘皆氈廬，不過數十，悉東向，庭以松幹表其前，一人持牌，立松幹之間，曰‘閣門’。其東，相向六、七帳，曰中書、樞密院、客省。又東，氈廬一，旁駐氈車六，前植纛，曰‘太廟’，皆草莽之中。”（《熙寧使虜圖抄》，見《永樂大典》卷一〇八七七）。

[2]内侍省：《舊唐書》卷四四《職官志》：“内侍之職，掌在内侍奉、出入宫掖、宣傳之事，總掖廷、宫闈、奚官、内僕、内府五局之官屬。”《歷代職官表》卷三七云：“隋唐以後立内侍省，人主起居飲食之重不咨之大臣、任之士人，而悉委之於奄豎，其弊乃益滋矣。”

[3]内庫：將内庫視爲供皇帝私費的的藏庫，始於唐玄宗。《舊唐書》卷一〇五《王鉷傳》載：“玄宗在位多載，妃御承恩多賞賜，不欲頻於左右藏取之。鉷探旨意，歲進錢寶百億萬，便貯於内

庫，以恣主恩錫賚。”至德宗時，内庫幾成人君私積。《唐會要》卷五九載：“國家舊制，天下財賦皆納於左庫藏。”“及第五琦爲度支鹽鐵使，時京師多豪將，求取無節，琦不能禁，乃悉以租賦進入大盈内庫，以中人主之意。天子以取給爲便，故不復出，是以天下公賦爲人君私積，有司不得窺其多少，國用不能計其贏縮。”

　　[4]客省：官署名。會同元年（938）置，掌接待諸國使節。設官有都客省、客省使、左右客省使等。

　　[5]耶律化哥：孟父楚國王之後。字弘隱。乾亨初，爲北院林牙。統和四年（986），拜上京留守，遷北院大王。十六年，侵宋，爲先鋒，以功遷南院大王，尋改北院樞密使。開泰元年，伐阻卜，以功封豳王。伐阻卜過程中掠阿薩蘭回鶻，諸蕃由此不附。聖宗使按之，削王爵。本書卷九四有傳。

　　[6]四方館：官署名。隋置四方館，對東西南北四方少數民族，各設使者一人，掌管往來及互相貿易等事，隸屬鴻臚寺。唐以通事舍人主管，隸屬中書省。宋置四方館使，掌管文武官朝見辭謝，國忌賜香及諸道元日、冬至、朔旦慶賀章表，郊祀、朝[會]、蕃官、貢舉人、進奉使、京官、致仕官、道釋、父老陪位等事。其職務與隋唐不同。遼的四方館，當是仿宋制。

　　[7]點簽司：應是同簽都點司之誤，遼因五代置殿前都點司。

　　[8]勾當禮信司：【靳注】官名。專掌禮信司庶務。勾當，主管、料理之義。

　　寺官職名總目：
　　　　某卿，興宗景福元年見崇禄卿李可封。
　　　　某少卿，耶律儼子處貞爲太常少卿。
　　　　某丞。
　　　　某主簿。
　　太常寺，[1]有博士、贊引、太祝、奉禮郎、協律郎。

諸署職名總目：

　　某署令。

　　某署丞。

太樂署。[2]

鼓吹署。[3]

法物庫，[4]《遼朝雜禮》有法物庫所掌圖籍。

　　法物庫使。

　　法物庫副使。

崇禄寺，[5]本光禄寺，避太宗諱改。

衛尉寺。[6]

宗正寺，[7]職在大惕隱司。

太僕寺，[8]有乘黄署。

大理寺，[9]有提點大理寺，有大理正，聖宗統和十二年置。

鴻臚寺。[10]

司農寺。[11]

　　[1]太常寺：官署名。《新唐書》卷四八《百官志三》："太常寺，卿一人，正三品；少卿二人，正四品上。掌禮樂、郊廟、社稷之事，總郊社、太樂、鼓吹、太醫、太卜、廩犧、諸祠廟等署。"

　　[2]太樂署：《新唐書》卷四八《百官志三》載："大樂署，令二人，從七品下；丞一人，從八品下；樂正八人，從九品下。令掌調鐘律，以供祭饗。凡習樂，立師以教，而歲考其師之課業爲三等，以上禮部。十年大校，未成則五年而校，以番上下，有故及不任供奉，則輸資錢以充伎衣、樂器之用。"

　　[3]鼓吹：即鼓吹樂，古代的一種器樂合奏曲。亦即《樂府詩

集》中的鼓吹曲。用鼓、鉦、簫、笳等樂器合奏。源於中國古代民族北狄。漢初邊軍用之，以壯聲威，後漸用於朝廷。宋人姜夔《白石道人歌曲》卷一《聖宋鐃歌鼓吹曲十四首》詩序："臣聞鐃歌者，漢樂也。殿前謂之鼓吹，軍中謂之騎吹。"此則謂編入儀仗隊中演奏鼓吹曲的樂隊。宋人司馬光《傳家集》卷二六《論董淑妃諡議策禮札子》："鹵簿本以賞軍功，未嘗施於婦人。唯唐平陽公主有舉兵佐高祖定天下之功，方給鼓吹。"

[4]法物：古代帝王用於儀仗、祭祀並能代表其身份的器物。《史記》卷三五《律書》："王者制事立法，物度軌則，壹稟於六律。六律爲萬事根本焉。"法物最重要的特性是必須合律、中度。《長編》卷七乾德四年（966）五月甲戌："先是，上遣右拾遺孫逢吉至成都收僞蜀圖書法物。乙亥，逢吉還，所上法物皆不中度，悉命焚毀，圖書付史館。"

[5]崇禄寺：官署名。本光禄寺，遼避太宗德光諱改。掌管祭祀。《新唐書》卷四八《百官志三》記載光禄寺："掌酒醴膳羞之政，總太官、珍羞、良醞，掌醢四署。"

[6]衛尉寺：官署名。《新唐書》卷四八《百官志三》："掌器械文物，總武庫、武器、守宮三署。兵器入者，皆籍其名數。祭祀、朝會，則供羽儀、節鉞、金鼓，帷帟、茵席。"

[7]宗正寺：《新唐書》卷四八《百官志三》："掌天子族親屬籍，以別昭穆。"

[8]太僕寺：《新唐書》卷四八《百官志三》："掌厩牧、輦輿之政。"

[9]大理寺：《新唐書》卷四八《百官志三》："掌折獄、詳刑。凡罪抵流、死，皆上刑部，覆於中書、門下。繫者五日一慮。"

[10]鴻臚寺：官署名。《舊唐書》卷四四《職官志三》："卿之職，掌賓客及凶儀之事。""凡四方夷狄君長朝見者，辨其等位，以賓待之；凡二王後及夷狄君長之子襲官爵者，皆辨其嫡庶，詳其可否，若諸蕃人酋渠有封禮命，則受册而往其國；凡天下寺觀、三綱

及京都大德，皆取其道德高妙、爲衆所推者補充，申尚書祠部；皇帝太子爲五服之親及大臣發哀臨弔，則贊相焉；凡詔葬大臣，一品則卿護其喪事，二品則少卿，三品丞一人往，皆命司儀，以示禮制。"

　　[11]司農寺：《新唐書》卷四八《百官志三》："掌倉儲委積之事。"

　　諸監職名總目：

　　　　某太監，[1]興宗景福元年見少府監馬憚。

　　　　某少監，興宗重熙十七年見將作少監王企。[2]

　　　　某監丞。

　　　　某監主簿。

　　秘書監，[3]有秘書郎，秘書郎正字。[4]

　　　著作局：

　　　　著作郎。

　　　　著作佐郎，楊皙聖宗太平十一年爲著作佐郎。

　　　　校書郎，楊佶統和中爲校書郎。

　　　　正字，開泰元年見正字李萬。

　　司天監，[5]有太史令，有司曆，靈臺郎，挈壺正，五官正，丞，主簿，五官靈臺郎、保章正、司曆、監候、挈壺正、司辰，[6]刻漏博士，典鐘，典鼓。

　　國子監，[7]上京國子監，太祖置。

　　　　祭酒。

　　　　司業。

　　　　監丞。

　　　　主簿。

國子學。

博士，武白爲上京國子博士。

助教。

太府監。[8]

少府監。

將作監。[9]

都水監。[10]

已上文官。

[1]某太監：同“大監”。即某監（機構）的主管官員，位在少監之上。中華點校本校勘記載：“按監職但稱某監，如‘太府監’‘少府監’及卷九六《姚景行傳》‘爲將作監’，不稱太監。《乘軺録》有秘書大監張肅。”秘書大監即秘書監的大監，足證諸監實有太監一職。

[2]王企：【劉校】據中華點校本校勘記，“按《紀》重熙十七年二月作王全”。

[3]秘書監：《舊唐書》卷四三《職官志二》：“秘書監之職，掌邦國經籍、圖書之事。”

[4]秘書郎正字：遼朝秘書郎与正字應是二職。正字爲唐官名。掌典籍校儲事。《舊唐書》卷四三《職官志二》：“秘書省有正字四人，著作局有正字二人，皆正九品下。”可見，“秘書郎”三字爲衍文。

[5]司天監：《舊唐書》卷四三《職官志二》：“司天臺，監一人，少監二人。太史令掌觀察天文、稽定曆數，凡日月星辰之變、風雲氣色之異，率其屬而占候之。”

[6]“五官靈臺郎”至“司辰”：【劉校】據中華點校本校勘記，“按《新唐書·百官志》司天臺有五官靈臺郎、五官保章正、

五官司曆、五官監候、五官挈壺正、五官司辰，注云：'武后長安二年置挈壺正，乾元元年與靈臺郎、保章正、司曆、司辰皆加五官之名。'遼仿唐制，保章正、司曆、監候、挈壺正、司辰皆當冠以五官二字，史省其文"。

[7]國子監：據《舊唐書》卷四四《職官志三》，其主管官員稱"祭酒"，其副爲"司業"。"祭酒、司業之職，掌邦國儒學訓導之政令。"

[8]太府監：《金史》卷五六《百官志二》："掌出納邦國財用、錢穀之事。"

[9]將作監：據《舊唐書》卷四四《職官志三》，唐將作監有大匠一員，"掌供邦國修建土木工匠之政令"。

[10]都水監：《舊唐書》卷四四《職官志三》，"都水監，使者二人"，"使者掌川澤津梁之政令"。

諸衛職名總目：[1]

各衛：

大將軍，聖宗開泰七年見皇子宗簡右衛大將軍。

上將軍，王繼忠，統和二十二年加左武衛上將軍。[2]

將軍，聖宗太平四年見千牛衛將軍蕭順。

折衝都尉。

果毅都尉。

親衛。

勳衛。

翊衛。

左右衛。

左右驍衛。

左右武衛。

左右威衛。

左右領軍衛。

左右金吾衛。

左右監門衛。

左右千牛衛。

左右羽林軍。[3]

左右龍虎軍。

左右神武軍。

左右神策軍。

左右神威軍。

　　　已上武官。

　　[1]諸衛：遼南京沿襲唐京師長安南北衙禁軍體制。《新唐書》卷五〇《兵志》云："夫所謂天子禁軍者，南、北衙兵也。南衙，諸衛兵是也；北衙者，禁軍也。"這種南、北衙拱衛京師的體制，是爲相互制約。唐長安，宮城在北，坊市在南，所以北衙禁軍處於更重要的地位。遼是"行國"，其朝廷不在京師，而在捺鉢，一年四季隨時遷徙，其捺鉢的警衛由契丹軍擔任。

　　[2]王繼忠（？—1023）：宋降將。本書卷八一有傳。《宋史》卷二七九《王繼忠傳》載："［繼忠］開封人。真宗在藩邸，得給事左右，以謹厚被親信。即位，補内殿崇班，累遷至殿前都虞候，領雲州觀察使，出爲深州副都部署，改鎮、定、高陽關三路鈐轄兼河北都轉運使，遷高陽關副都部署，俄徙定州。咸平六年，契丹數萬騎南侵，至望都，繼忠與大將王超及桑贊等領兵援之。繼忠至康村，與契丹戰，自日昳至乙夜，敵勢小卻。遲明復戰，繼忠陣東

偏，爲敵所乘，斷餉道，超、贊皆畏縮退師，竟不赴援。繼忠獨與麾下躍馬馳赴，服飾稍異，契丹識之，圍數十重。士皆重創，殊死戰，且戰且行，旁西山而北，至白城，遂陷於契丹。真宗聞之震悼，初謂已死，優詔贈大同軍節度，賵賻加等，官其四子。景德初，契丹請和，令繼忠奏章，乃知其尚在。朝廷從之，自是南北戢兵，繼忠有力焉。歲遣使至契丹，必以襲衣、金帶、器幣、茶藥賜之，繼忠對使者亦必泣下。嘗附表懇請召還，上以誓書約各無所求，不欲渝之，賜詔諭意。契丹主遇繼忠甚厚，更其姓名爲耶律顯忠，又改名宗信，封楚王。"

[3]羽林軍：據《長編》卷五五宋真宗咸平六年（1003）七月己酉記李信云："國中所管幽州漢兵，謂之神武、控鶴、羽林、驍武等，約萬八千餘騎。"其中"羽林""控鶴"是唐、五代禁軍舊有的名號。因此可以斷定李信所說的遼燕京的"漢兵"就是戍衛京城的禁軍。燕京地臨南朝，故以重兵防守。

東宮三師府，凡東宮官多見《遼朝雜禮》：[1]

太子太師，太宗大同元年見太子太師李崧。

太子太傅，世宗天禄五年見太子太傅趙瑩。[2]

太子太保，大同元年見太子太保趙瑩。

太子少師，聖宗太平十一年見太子少師蕭從順。

太子少傅，耶律合里重熙中爲太子少傅。

太子少保，大同元年見太子少保馮玉。[3]

太子賓客院：

太子賓客。

太子詹事院：

太子詹事。

少詹事。

詹事丞。

詹事主簿。

太子司直司：

太子司直。

左春坊：

太子左庶子。[4]

太子中允，聖宗太平五年見太子中允馮若谷。

太子司議郎。

太子左諭德。

太子左贊善大夫。

文學館：

崇文館學士。

崇文館直學士。

太子校書郎，聖宗太平五年見太子校書郎韓㳫。[5]

司經局：

太子洗馬，劉輝大安末爲太子洗馬。

太子文學。

太子校書郎，聖宗太平五年見太子校書郎張昱。

太子正字。

典設局：

典設郎。

宮門局：

宮門郎。

右春坊：

　　太子右庶子。

　　太子中舍人。

　　太子舍人。

　　太子右諭德。[6]

　　右贊善大夫。

　　太子通事舍人。

　太子家令寺：

　　太子家令。

　　丞。

　　主簿。

　太子率更寺：

　　太子率更令。

　　丞。

　　主簿。

　太子僕寺：

　　太子僕。

　　丞。

　　主簿。

太子率府職名總目：

　　某率，興宗重熙十四年見率府率習羅。[7]

太子左右衛率府。

太子左右司御率府。

太子左右清道率府。

太子左右監門率府。

太子左右内率府。
已上東宮官。

[1]東宮官：東宮指太子，因其是已確定的皇位繼承人，爲其配置一整套文武官僚系統，形成一個“影子小朝廷”，目的是讓太子未即位之前預先熟悉朝政的運作。而上位之後，“東宮舊人”往往執掌大權。遼朝是否有一整套東宮官系統，應存疑。因爲遼朝長期以來無立太子之制，景宗以前甚至没有預先確立皇位繼承人。聖宗、興宗、道宗即位前雖已經被確立爲皇位繼承人，但祇有興宗即位前已經被立爲太子，聖宗、道宗並無“太子”名分，而是以“梁王”名義作爲皇位繼承人。道宗先是以重元爲“皇太叔”，重元叛亂後纔立皇子濬，後濬又被誣陷致死。總之，遼朝的太子之制極不成功，所謂東宮官，多半是元人修史時所構擬。

[2]趙瑩（885—951）：華陰（今屬陝西省）人。字玄輝。石敬瑭爲河東節度使，瑩爲節度判官。敬瑭稱帝建號，以瑩爲門下侍郎，同平章事，監修國史。石重貴即位後，爲開封尹。契丹滅晉，隨少帝北遷，遼世宗時，官太子太傅。卒於契丹。歸葬華陰。

[3]馮玉（？—956）：定州（今屬河北省）人。字璟臣。少舉進士不中。玉不知書，嘗以“姑息”二字問他人。後晉出帝時以后戚知制誥，拜中書舍人。遷樞密使、中書侍郎、同中書門下平章事，軍國大務，一决於玉。契丹滅後晉，自言願得持晉玉璽獻契丹，以冀恩奬。出帝之北，玉從入契丹，契丹以爲太子太保。周廣順三年（953），其子傑自契丹逃歸，玉懼，以憂卒。《新五代史》卷五六有傳。輯本《舊五代史》有傳，殘甚。

[4]太子左庶子：東宮官。遼沿唐制，左春坊置左庶子。據《唐六典》卷二六，太子左春坊置左庶子二人，正四品上。據《禮記》，古者周天子有“庶子”之官，負責諸侯、卿、大夫之庶子事務，“掌其戒令、與其教理，別其等、正其位”，至秦漢因之置中庶

子員，主管宮中並諸吏之適子及支庶版籍。隋門下坊置左庶子二人領之，典書坊置右庶子二人領之。唐朝因之，龍朔二年（662）改門下坊爲左春坊，左庶子爲太子左中護。咸亨元年（670）復故。左庶子在東宮，職擬侍中職掌侍從、贊相禮儀、駁正啓奏、監省封題等事。

　　[5]太子校書郎韓濼：【劉校】據中華點校本校勘記，"按《紀》太平五年十一月，'以張昱等一十四人爲太子校書郎，韓欒等五十八人爲崇文館校書郎'，韓濼即韓欒。此學士、直學士、校書郎應移前崇文館下。文學如曾設專館，則太子文學等似應屬之。道光殿本《考證》云：'《志》引張昱於司經局條下，則文學館條下應作校書郎，"太子"二字疑衍。'"

　　[6]諭德：【劉校】"諭"原本作"喻"，明抄本、南監本、北監本和殿本均作"諭"。中華點校本及修訂本徑改。今從改。

　　[7]率府率習羅：習羅任率府率，無據。【劉校】據中華點校本校勘記，"按《紀》重熙十四年正月：'以常侍翰古得戰歿，命其子習羅爲帥。'非謂習羅爲率府率。《遼文匯》四《李内貞墓誌》稱内貞於景宗時曾官太子左衛率府率"。

　　王傅府。
　　　　王傅，蕭惟信重熙十五年爲燕趙王傅。[1]
　　親王内史府。
　　　　内史，道宗大康三年見内史吳家奴。
　　　　長史。
　　　　參軍。
　　諸王文學館：
　　　　諸王教授，姚景行重熙中爲燕趙國王教授。[2]
　　　　諸王伴讀，聖宗太平八年長沙郡王宗允等奏選諸王伴讀。

　　已上諸王府官。

　　[1]蕭惟信：契丹楮特部人。歷南京留守、左右夷离畢、北院樞密副使。卒於大康中。本書卷九六有傳。

　　[2]姚景行（？—1075）：始名景禧。隸漢人宮分。既貴，始出宮籍，貫興中縣。重熙五年（1036）進士。不數年，至翰林學士，樞密副使，參知政事。道宗即位，多被顧問，爲北府宰相。咸雍元年（1065），出爲武定軍節度使。明年，驛召拜南院樞密使。大康初，徙鎮遼興。本書卷九六有傳。　燕趙國王：即遼道宗耶律洪基。

南面宮官[1]

漢兒行宮都部署院，亦曰南面行宮都部署司，聖宗開泰九年改左僕射：[2]

　　　漢兒行宮都部署，開泰七年見漢兒行宮都部署石用中。

　　　漢兒行宮副部署，興宗重熙十五年見漢兒行宮副部署耶律敵烈。[3]

　　　知南面諸行宮副部署，重熙十年見知南面諸行宮副部署耶律裹里。

　　　同知漢兒行宮都部署事，道宗大康三年見同知漢兒行宮都部署事蕭撻不也。

　　　同簽部署司事，耶律儼大康中爲同簽部署司事。

　　　都部署判官，耶律儼咸雍中爲都部署判官。[4]

十二宮南面行宮都部署司職名總目：

　　某宮漢人行宮都部署。

　　某宮南面副都部署。

　　某宮同知漢人都部署。

弘義宮。

永興宮。

積慶宮。

長寧宮。

延昌宮。

彰愍宮。

崇德宮。

興聖宮。

延慶宮。

太和宮。

永昌宮。

敦睦宮。

　　[1]南面宮官：應當稱南面行宮官。按，南面無宮官，此目將宮官與行宮官混爲一談。行宮亦稱行帳，即轉徙隨時的朝廷，契丹語稱“捺鉢”，遼中葉逐漸形成“四時捺鉢”制度。南樞密院與漢人行宮都部署是南面官機構，有行宮官之設，而無宮官之設，因此不會有“某宮漢人行宮都部署”或“某宮南面行宮都部署”之職。所謂宮官，皆屬北面官。遼朝有十二宮一府，稱宮帳，諸宮事務僅隸屬於北面官。換言之，行宮是朝廷，北面諸宮的地位雖高於部族、屬國，但不能與朝廷並列。

　　[2]開泰九年改左僕射：【劉校】據中華點校本校勘記，“按

《紀》開泰九年十一月：'以夷离畢蕭孝順爲南面諸行宮都部署，加左僕射。' 是加官，非改都部署爲左僕射"。

[3]漢兒行宮副部署耶律敵烈：【劉校】據中華點校本校勘記，"按《興宗本紀二》重熙十五年十一月，耶律敵烈爲漢人行宮都部署，非副部署"。

[4]耶律儼咸雍中爲都部署判官：【劉校】據中華點校本校勘記，本書卷九八《耶律儼傳》，大康初，儼歷都部署判官。非"咸雍中"。

（李錫厚注　劉鳳翥校）

遼史　卷四八

志第十七下

百官志四

南面京官

遼有五京，上京爲皇都，凡朝官、京官皆有之，[1]
餘四京隨宜設官，爲制不一。大抵西京多邊防官，南
京、中京多財賦官。五京並置者列陳之，特置者分列
于後。

三京宰相府職名總目：[2]

左相。

右相。

左平章政事。

右平章政事。

東京宰相府，聖宗統和元年詔三京左右相，左右平
章事。[3]

中京宰相府。

南京宰相府。

　　諸京內省客省職名總目：

　　　　某京某省使。

　　　　某京某省副使，耶律蒲奴開泰末爲上京內客省副使。

　　　　上京內省司。

　　　　東京內省司，《地理志》，東京大內不置宮嬪，唯以內省使、副、判官守之。

　　[1]朝官、京官：朝官是中央官。在朝廷上，皇帝東向坐，蕃漢朝官分列北、南，因此纔有官分北南之說。京官是地方官，無所謂北、南。皇帝衹有離開捺鉢在諸京舉行朝會時，京官纔上朝。本書卷五一《禮志三·常朝起居儀》：“官班於三門外，當直舍人放起居，再拜，各衹候。次依兩府以下文武官於丹墀內面殿立，豎班諸司並供奉官於東西道外相向立定。當直閣使、副贊‘放起居，再拜，各衹候’。退還幕次，公服。帝升殿坐，兩府並京官丹墀內聲‘喏’，各衹候。教坊司同北班起居畢，奏事。”

　　[2]三京：《遼史》多處稱“三京”，所指不盡一致，《聖宗本紀》統和十年（992）所稱“三京”，當是指上京、東京和南京。因爲當時尚無中京和西京。本書卷三六《兵衛志下》“五京鄉丁”載：“遼建五京：臨潢，契丹故壤；遼陽，漢之遼東，爲渤海故國；中京，漢遼西地，自唐以來契丹有之。三京丁籍可紀者二十二萬六千一百，蕃漢轉户爲多。析津、大同，故漢地，籍丁八十萬六千七百。契丹本户多隸宮帳、部族，其餘蕃漢户丁分隸者，皆不與焉。”這裏所謂“三京”則是指上京、中京和東京，而不包括南京和西京。

　　[3]三京左右相，左右平章事：天顯元年（926）正月，耶律阿保機率軍攻入渤海王都忽汗城，滅掉了號稱“海東盛國”的渤海國，以渤海故地建東丹國，並以其長子耶律倍爲東丹王，賜天子冠

服，建元"甘露"。東丹國有自己的朝廷，中臺省置左、右大相，左、右次相。上京、南京沿襲唐制置中書省，其宰相稱同平章事。"聖宗統和元年，詔三京左右相、左右平章事"，是詔東京中臺省的左、右相以及上京、南京的左右平章事。

五京諸使職名總目：

某京某使，王棠重熙中爲上京鹽鐵使。[1]

知某京某使事，張孝傑清寧間知戶部使事。[2]

某京某副使，劉伸重熙中爲三司副使。[3]

同知某京某使事，道宗大康三年見撻不也同知度支使事。

某京某判官，聖宗太平九年見戶部使判官。

上京鹽鐵使司。

東京戶部使司。

中京度支使司。

南京三司使司。

南京轉運使司，亦曰燕京轉運使司。[4]

西京計司。

[1]王棠（？—1094）：涿州新城（今河北省高碑店市）人。重熙十五年（1046）進士，累遷上京鹽鐵使。遷東京戶部使。大康三年（1077），入爲樞密副使，拜南府宰相。本書卷一〇五有傳。

[2]張孝傑：建州永霸縣（今遼寧省朝陽市）人。咸雍三年（1067），三知政事，同知樞密院事，加工部侍郎。八年，封陳國公。大康元年（1075），賜國姓。是年夏，耶律乙辛譖皇太子，誣害忠良，孝傑之謀居多。而道宗竟以其爲忠，可比狄仁傑，賜名仁傑。大安中，死於鄉。本書卷一一〇有傳。

[3]劉伸（？—1086）：宛平人。字濟時。重熙五年，登進士第。歷彰武軍節度使、西京副留守。以父憂，終制，爲三司副使。官至南院樞密使。本書卷九八有傳。　三司副使：唐宋以鹽鐵、度支、户部爲三司，主理財賦。三司長官爲三司使、三司副使。《通鑑》卷二六五唐昭宣帝天祐三年三月戊寅："以朱全忠爲鹽鐵、度支、户部三司都制置使。三司之名始於此。"遼在南京設三司使司，此外上京設鹽鐵使司，東京設户部使司，中京設度支使司，西京設計司。

[4]轉運使：唐以後主管徵解錢穀及財政等事務的中央或地方官職。轉運使之名始於唐。宋太祖鑒於五代藩臣擅有財賦，自乾德以後始置諸路轉運使，以總利權。太宗至道中詔諸路轉運使並兼按察使，兼領考察地方官吏、維持治安、清點刑獄、舉賢薦能等職責。宋真宗景德四年（1007）以前，轉運使實際上已成爲一路之最高行政長官。遼在境内南部各地設都轉運使司，各以使領之，掌管地方財政及徵解錢穀等事務。

五京留守司兼府尹職名總目：[1]

某京留守行某府尹事，聖宗統和元年見上京留守、行臨潢尹事吳王稍。[2]

某京副留守，天祚天慶六年見東京副留守高清臣。

知某京留守事，蕭惠開泰二年知東京留守事。[3]

某府少尹，聖宗太平四年見臨潢少尹鄭弘節。[4]

同知某京留守事，太平八年見中京同知耶律野。

同簽某京留守事，蕭滴冽太平六年同簽南京留守事。[5]

某京留守判官，室昉天禄中爲南京留守判官。[6]

某京留守推官，聖宗開泰元年見中京留守推官李可舉。

上京留守司。

東京留守司。

中京留守司，太宗大同元年命趙延壽爲中京留守，[7]治鎮州。聖宗統和十二年命室昉爲中京留守，治大定府。[8]

南京留守司，太宗天顯三年升東平郡爲南京，治遼陽。十三年以幽州爲南京，治析津。聖宗開泰元年改幽都府爲析津府。

西京留守司。

[1]留守司：實爲統轄某京的行政機構。《歷代職官表》卷三二《順天府》："遼雖分建五京，而每歲四時巡幸，春水、秋山，實無定所，並不常在京師。故五京皆置留守司，令兼府尹之事，軍民俱歸統轄。"

[2]吳王稍：無傳，《皇子表》亦不載。聖宗時曾任上京留守。

[3]蕭惠（982—1056）：契丹外戚。淳欽皇后述律平弟阿古只五世孫。字伯仁，小字脱古思。初爲國舅詳穩。從伯父排押征高麗，以功，授契丹行宫都部署。開泰二年（1013），改南京統軍使。後爲西北路招討使，封魏國公。興宗即位，知興中府，歷順義軍節度使、東京留守、西南面招討使，加開府儀同三司、檢校太師，兼侍中，封鄭王。重熙六年（1037），復爲契丹行宫都部署，加守太

師，徙王趙。拜南院樞密使，更王齊。惠贊成復取三關，與太弟帥師壓宋境，迫使宋朝增歲幣請和。惠以首事功，進王韓。重熙十七年，尚帝姊秦晉國長公主，拜駙馬都尉。本書卷九三有傳。

[4]太平四年見臨潢少尹鄭弘節：【劉校】據中華點校本校勘記，依本書卷一七《聖宗本紀八》載，鄭弘節爲臨潢少尹在太平五年（1025）三月。

[5]蕭滴冽（？—1050）：遙輦鮮質可汗宮人。字圖寧。重熙初，遙攝鎮國軍節度使。六年，奉詔使宋，傷足而跛，不告遂行，帝怒。及還，決以大杖，降同簽南京留守事。後爲中京留守，西京留守。本書卷九五有傳。　蕭滴冽太平六年同簽南京留守事：此誤。其仕宦生涯皆在重熙間。

[6]室昉（916—991）：南京（今北京市）人。字夢奇。會同初，登進士第。保寧間，拜樞密使，兼北府宰相，加同政事門下平章事。乾亨初，監修國史。統和九年（991），薦韓德讓自代，不從。病劇，遣翰林學士張幹就第授中京留守，加尚父。卒，年七十五。本書卷七九有傳。

[7]趙延壽（？-948）：恒山（今河北省正定縣）人。本姓劉，後爲劉守光偏將趙德鈞養子，改姓趙，並娶後唐明宗李嗣源之女爲妻。明宗即位，延壽爲駙馬都尉，樞密使。清泰三年（天顯十一年，936），在契丹圍攻晉安寨之役中與其父趙德鈞一同降遼。遼以延壽爲燕京留守，總山南事。會同初，加政事令。大同元年（947），遼滅晉，趙延壽率漢軍攻入汴京，求爲皇太子，遼太宗不許。授中京留守。太宗死後又與兀欲爭位，失敗後被囚禁。次年，病死。本書卷七六有傳。

[8]統和十二年命室昉爲中京留守，治大定府：據本書卷一四《聖宗本紀》統和二十五年始建中京，而室昉已於統和十六年前亡故。【劉校】中華點校本校勘記引錢大昕《廿二史考異》謂“中京大定府，始於統和二十五年，不應昉先得爲留守”。本書卷七九《室昉傳》稱“保寧間改南京副留守，統和八年請致政，令常居南

京，後病劇，遣張幹就第授中京留守”。中華點校本校勘記疑此處“中京”爲“南京”之訛，治大定者，則附益之説。

五京都總管府職名總目：[1]

　　某京都總管、知某府事。

　　同知某府事，聖宗太平五年見同知中京事蕭堯袞。

上京都總管府。

東京都總管府。

中京都總管府。

南京都總管府。

西京都總管府。

五京都虞候司職名總目：[2]

　　都虞候。

上京都虞候司。

東京都虞候司。

南京都虞候司。

西京都虞候司。

中京都虞候司。

五京警巡院職名總目：[3]

　　某京警巡使。

　　某京警巡副使。

上京警巡院。

東京警巡院。

中京警巡院。

南京警巡院。

西京警巡院。

五京處置使司職名總目：[4]

　　某京處置使。

上京處置司。

東京處置司。

中京處置司。

西京處置司。

南京處置司。

五京學職名總目：道宗清寧五年，詔設學養士，[5]
頒經及傳疏，置博士、助教各一員。

　　博士。

　　助教。

上京學，上京別有國子監，見朝官。

東京學。

中京學，中京別有國子監，與朝官同。

南京學，亦曰南京太學，太宗置。聖宗統和十三
年，賜水磑莊一區。

西京學。

　　已上五京官。

[1]按某京都總管府，是一京最高軍事機構。例如主持南面防
務的元帥府即原稱兵馬都總管府。

　　[2]都虞候：軍職。《唐會要》卷七九《諸使雜録》載太和
“四年四月中書門下奏：自元年以來，頻有計代諸道薦送軍將，其
數漸多。臣等商量”。“自今後軍官未至常侍大夫職兼都虞候、都知
兵馬使、都押衙者不在薦送限。”

　　[3]警巡院：負責獄訟、治安事務的機構。金因遼制，在諸京
設此機構。《金史》卷五七《百官志三》：“諸京警巡院，使一員，
正六品，掌平理獄訟、員警別部，總判院事。”

　　[4]處置使司：非地方常設行政機構。元人方回《古今考》卷
四：“宋以制置使、宣撫使專閫外，邊郡各設屯軍，立都統制領將
佐爲軍官，郡守之在邊者兼節制。”宣撫使常帶“宣撫處置使”
銜。《宋會要輯稿·刑法》三之二五—二六：“高宗建炎四年二月二
十三日德音：‘昨差張浚爲川陝京西湖北路宣撫處置使，見在秦州
置司，所有川陝等路去行在地里迂遠，民間疾苦無由得知，或負冤
抑，無緣伸訴，仰宣撫處置司詢訪疾苦以聞。民有冤抑，亦仰經宣
撫處置司陳訴。’”

　　[5]清寧五年，詔設學養士：【劉校】據中華點校本校勘記，
本書卷二一《道宗本紀一》載，詔設學養士在清寧元年（1055）
十二月。

　　　上京城隍使司，[1]亦曰上京皇城使。
　　　　上京城隍使，韓德讓景宗時爲上京皇城使。[2]
　　東京渤海承奉官，聖宗開泰八年耶律八哥奏，渤海
承奉班宜設官以統之，因置。
　　　　渤海承奉都知押班。
　　遼陽大都督府，太宗會同二年置。
　　　　遼陽大都督，會同二年都督曷魯泊等關防遼陽
東都。

東京安撫使司：

東京安撫使。

東京軍巡院，《地理志》，東京有歸化營軍千餘人，籍河朔亡命於此，置軍巡院。

東京軍巡使。[3]

中京文思院：

中京文思使，馬人望父佺爲中京文思使。[4]

中京路按問使司：

中京路按問使，耶律和尚重熙二十四年爲中京路按問使。[5]

中京巡邏使司：

中京巡邏使，耶律古昱開泰間爲中京巡邏使。[6]

中京大內都部署司：

中京大內都部署，聖宗開泰元年見中京大內都部署。

中京大內副部署。

南京宣徽院：

南京宣徽使，道宗壽隆元年見宣徽使耶律特末。

知南京宣徽院使事。

知南京宣徽院事。

南京宣徽副使。

同知南京宣徽院事。

南京處置使司，聖宗開泰元年見秦王隆慶爲燕京管

内處置使:[7]

    燕京管内處置使。

南京侍衛親軍馬步軍都指揮使司:[8]

    南京侍衛親軍馬步軍都指揮使，蕭討古乾亨初爲南京侍衛親軍都指揮使。[9]

    南京馬步副指揮使。

南京侍衛親軍馬軍都指揮使司:

    南京馬軍都指揮使。

    南京馬軍副指揮使。

南京侍衛親軍步軍都指揮使司:

    南京步軍都指揮使。

    南京步軍副指揮使。

南京栗園司:[10]

    典南京栗園。

雲州宣諭招撫使司:[11]

    雲州管内宣諭招撫使二員，統和四年見韓毗哥、邢抱朴爲雲州管内宣諭招撫使。[12]

[1]城隍使：負責維護城牆和護城河的官員。《晉書》卷一〇四《石勒載記上》：“時城隍未修，乃於襄國築隔城重柵，設鄣以待之。”

[2]韓德讓（941—1011）：韓匡嗣四子。統和初年承天太后稱制，韓德讓以南院樞密使的身份“總宿衛事”。統和十七年（999），北院樞密使、魏王耶律斜軫病故，承天太后以韓德讓兼知北院樞密使事，至此，遼朝的蕃漢軍政大權集於其一身。統和二十二年，承天太后又賜韓德讓姓耶律，徙封晉王，並且仍舊爲大丞

相，事無不統。次年十一月，她又詔德讓"出宮籍，屬於橫帳"。二十八年更名耶律隆運。本書卷八二有傳。 上京皇城使："皇"，原本作"隍"，據中華點校本校勘記，依上文"亦曰上京皇城使"及卷八二本傳改。

[3]東京軍巡使：【劉校】"使"原本作"吏"，明抄本、南監本、北監本和殿本均作"使"。中華點校本及修訂本徑改。今從改。

[4]馬人望：字儼叔。高祖馬胤卿，原爲石晉青州刺史，被俘，一族被遷徙至醫巫閭山。人望曾祖廷煦，官至南京留守。人望咸雍年間，進士及第，任松山縣令。轉任涿州新城縣知縣。被擢升中京度支司鹽鐵判官。天祚帝即位後，轉任南京三司度支判官，改任警巡使，後拜參知政事，判南京三司使事，又拜南院樞密使。本書卷一〇五有傳。 父佺：【劉校】據中華點校本校勘記，"佺"，本書卷一〇五《馬人望傳》作"詮"。

[5]耶律和尚（?—1054）：契丹皇族。字特抹，系出季父房。重熙初，補祗候郎君。累遷至同知南院宣徽使事、南面林牙。重熙二十三年（1054），加天平軍節度使、檢校太師，徙中京路按問使。本書卷八九有傳。

[6]耶律古昱（982—1052）：字磨魯菫。工騎射。開泰間，爲烏古敵烈部都監。從樞密使耶律世良討平該部反叛，以功受詔鎮撫西北部。中京盜起，命古昱爲巡邏使。重熙二十二年，改天成軍節度使。卒於官。年七十。本書卷九二有傳。

[7]隆慶（?—1016）：即耶律隆慶，隆緒同母弟。統和中進封爲梁國王，拜南京留守，手握重兵，稱雄一方。統和十七年南征，隆慶率軍爲先鋒，至瀛州（今河北省河間市），與宋將范廷召相遇，隆慶命蕭柳迎戰，將宋軍擊潰，並圍而殲之。十九年，他復敗宋人於行唐（今屬河北省）。他的權勢、地位不斷上升，威脅著遼聖宗。《宋朝事實類苑》卷七七引《乘軺錄》稱其"調度之物，悉侈於隆緒"。

[8]南京侍衛親軍馬步軍都指揮使司：隸屬元帥府的軍事機關，

非屬南面官。遼"南衙不主兵"。

[9]蕭討古：北府宰相蕭敵魯之孫。見本書卷六七《外戚表》。

[10]南京栗園司：遼於南京置栗園司。據本書卷一〇三《蕭韓家奴傳》載統和中蕭韓家奴爲右通進，典南京栗園。後興宗命爲詩友。興宗嘗從容問曰："卿居外有異聞乎？"韓家奴對曰："臣惟知炒栗：小者熟，則大者必生；大者熟，則小者必焦。使大小均熟，始爲盡美。不知其他。"

[11]雲州：治所在今山西省大同市。

[12]邢抱朴（？—1004）：應州人。保寧初，爲政事舍人、知制誥。統和四年，加户部尚書。遷翰林學士承旨，與室昉同修《實錄》。十二年，拜參知政事。改南院樞密使，二十二年卒，贈侍中。本書卷八〇有傳。【劉校】抱朴，原誤"抱質"，中華點校本據本書卷一一《聖宗本紀二》統和四年六月及卷八〇本傳改。今從改。

南面大蕃府官

黃龍府：[1]

知黃龍府事，興宗重熙十三年見知黃龍府事耶律甌里斯。

同知黃龍府事。

黃龍府判官。

黃龍府侍衛親軍馬步軍都指揮使。

黃龍府侍衛親軍都指揮使。

黃龍府侍衛親軍副指揮使。

黃龍府侍衛馬軍都指揮使。

黃龍府侍衛步軍都指揮使。

黃龍府侍衛馬軍副指揮使。

黃龍府侍衛步軍副指揮使。

黄龍府學。

博士。

助教。

興中府:^[2]

知興中府事。咸雍元年見知興中府事楊績。

同知興中府事。

興中府判官。

興中府學。

博士。

助教。

[1]黄龍府：治所在今吉林省農安縣。地近生女真界，是軍事重地。遼朝南衙不主兵，部族、屬國之事也統歸北面官，故黄龍府不可能隸屬南面官。

[2]興中府：治所在今遼寧省朝陽市。據本書卷三九《地理志三》，興中府隋唐原爲柳城郡，隸屬營州，"後爲奚所據。太祖平奚及俘燕民，將建城，命韓知方擇其處。乃完葺柳城，號霸州彰武軍，節度。統和中，制置建、霸、宜、錦、白川等五州。尋落制置，隸積慶宮。後屬興聖宮。重熙十年升興中府"。興中府所轄各州都是契丹以俘户建立的頭下州，且隸屬宮衛，並不歸南面官統轄。

南面方州官

遼東、西，燕、秦、漢、唐已置郡縣，設官職矣。高麗、渤海因之。^[1]至遼，五京列峙，包括燕代，^[2]悉爲畿甸。二百餘年，城郭相望，田野益闢。冠以節度，承以觀察、防禦、團練等使，分以刺史、縣令，大略采用唐制。其間宗室、外戚、大臣之家築城賜額，謂之"頭下州軍"；[3]唯節度使朝廷命之，後往往皆歸王府。不能州者謂之軍，不能縣者謂之城，不能城者謂之堡。其設官則未詳云。

[1]高麗：此指高句麗。唐以前佔據遼東的是高句麗，非高麗。

[2]燕代：指燕雲十六州。

[3]頭下軍州：又稱"頭下州軍"，在歷史上，遼朝首次將頭下制度納入國家行政體制。然而，究竟什麼是頭下軍州？這個問題在《遼史》中並没有提供現成答案。由頭下可以組成州，如果規模較小，則可以建成低級的行政單位："不能州者謂之軍，不能縣者謂之城，不能城者謂之堡。"這樣的州、縣、城、堡都是在爲"置生口"、經"團集"而成爲頭下的基礎上建立的。朝廷賜州縣額的城郭即爲頭下州、縣，不賜州縣額的漢城，因其規模較小，則可以成爲"城"或"堡"。遼朝祇允許宗室、外戚、公主建頭下州、縣，實際上就是以國家權力保證他們能夠占有較大範圍的土地和依附於這塊土地上的俘户——漢人、渤海人或高麗人。在他們占有的頭下州、縣範圍內，有衆多的頭下人户爲他們納稅。稅收歸頭下州的主人，頭下州不隸屬南面官。上京、中京諸州幾乎盡是隸屬諸宮衛以及王公、外戚的頭下州，東京地區也有大量頭下州，頭下州雖然也有朝廷任命的節度史，但刺史以下皆以本主部曲充當，官位九品之下及井邑商賈之家，徵稅各歸頭下；唯酒稅課納上京鹽鐵司。

節度使職名總目：

　　某州某軍節度使。

　　某州某軍節度副使。

　　同知節度使事，耶律玦重熙中同知遼興軍節度使事。

行軍司馬。

軍事判官。

掌書記，劉伸重熙五年爲彰武軍節度使掌

書記。[1]

衙官。

某馬步軍都指揮使司：

都指揮使。

副指揮使。

某馬軍指揮使司：

指揮使。

副指揮使。

某步軍指揮使司。

指揮使。

副指揮使。

[1]彰武：霸州軍號。後升興中府，治所在今遼寧省朝陽市。

上京道：[1]

懷州奉陵軍節度使司。

慶州玄寧軍節度使司。

泰州德昌軍節度使司。

長春州韶陽軍節度使司。

儀坤州啓聖軍節度使司。

龍化州興國軍節度使司。[2]

饒州匡義軍節度使司。

徽州宣德軍節度使司。

成州長慶軍節度使司。

懿州廣順軍節度使司。

渭州高陽軍節度使司。

鎮州建安軍節度使司。

[1]上京道：【劉校】據中華點校本校勘記，據本書卷三七《地理志一》，上京道缺祖州天成軍節度使司。

[2]龍化州：地名。傳說契丹始祖奇首可汗居此，原稱龍庭。治所在今內蒙古自治區奈曼旗東北。唐天復二年（902），阿保機成爲迭剌部夷离堇，破代北，遷徙代北居民，於此建州。《武經總要》前集卷一六下《戎狄舊地》："龍化州，州在木葉山東千里。阿保機始置四樓，此即是東樓也。會病卒葬於西南山，即今祖州也。以所卒之地置州，曰龍化門，化州也。東至泉州二十里，西至降聖州五十里，西南至蔚州四十里，南至遂州二百里，北至夢送河五十里。"

東京道：

開州鎮國軍節度使司。

保州宣義軍節度使司。

辰州奉國軍節度使司。

興州中興軍節度使司。

海州南海軍節度使司。

淥州鴨淥軍節度使司。

顯州奉先軍節度使司。

乾州廣德軍節度使司。

貴德州寧遠軍節度使司。

瀋州昭德軍節度使司。

遼州始平軍節度使司。

通州安遠軍節度使司。

雙州保安軍節度使司。[1]

同州鎮安軍節度使司。

咸州安東軍節度使司。

信州彰聖軍節度使司。

賓州懷化軍節度使司。

懿州寧昌軍節度使司。

蘇州安復軍節度使司。

復州懷德軍節度使司。

祥州瑞聖軍節度使司。[2]

[1]雙州：治所在今遼寧省鐵嶺市西南古城子村。《武經總要》前集卷一六下《戎狄舊地》："雙州，契丹號保安軍，有通吳軍營壘，東至逆流河二里入生女真界，西至遼州七十里，南至瀋州七十里，北至渝州百二十里。"

[2]祥州：治所在今吉林省農安縣東北萬金塔鄉。

中京道：

成州興府軍節度使司。

興中府彰武軍節度使司。[1]

宜州崇義軍節度使司。

錦州臨海軍節度使司。

川州長寧軍節度使司。

建州保靜軍節度使司。

來州歸德軍節度使司。

[1]興中府彰武軍節度使司：應是霸州彰武軍節度使司。【劉校】據中華點校本校勘記，"按《地理志三》，興中府本霸州彰武軍，重熙十年升府。升府後軍名已廢，已非節度州"。

南京道：

幽州盧龍軍節度使司。[1]

平州遼興軍節度使司。[2]

[1]幽州盧龍軍節度使司：此係幽州入遼之初的設置，後無。【劉校】據中華點校本校勘記，本書卷四〇《地理志四》載，幽州入遼以後即升南京，府曰幽都，軍號盧龍，開泰元年（1012）落軍額，已非節度州。

[2]平州：治所在今河北省盧龍縣。

西京道：[1]

雲中大同軍節度使司。[2]

雲内州開遠軍節度使司。

奉聖州武定軍節度使司。

蔚州忠順軍節度使司。

應州彰國軍節度使司。

朔州順義軍節度使司。

[1]西京道：此處不載豐州天德軍節度使司。按，豐州天德軍本五代後唐所置，阿保機神册五年（920）改軍號爲應天，後爲州，

故應天軍（天德軍）軍額已落，以致不爲史載。【劉校】中華點校本校勘記據本書卷四一《地理志五》云，"西京道缺豐州天德軍節度使司。另天德軍，後亦由招討升節度"。

[2]雲中大同軍節度使司：雲州割隸契丹以前，置雲中大同軍，後升西京。【劉校】中華點校本校勘記據本書卷四一《地理志五》載，大同於重熙十三年（1044）升爲西京，已非節度州。

　　　　觀察使職名總目：
　　　　　　某州軍觀察使。
　　　　　　某州軍觀察副使。
　　　　　　某州軍觀察判官，王鼎清寧五年爲易州觀察判官。
　　　　　　州學：
　　　　　　　博士。
　　　　　　　助教。
　　　　中京道：
　　　　高州觀察使司。
　　　　武安州觀察使司。
　　　　利州觀察使司。
　　　　東京道：
　　　　益州觀察使司。
　　　　寧州觀察使司。
　　　　歸州觀察使司。
　　　　寧江州混同軍觀察使司。
　　　　上京道：
　　　　永州永昌軍觀察使司。

靜州觀察使司。

團練使司職名總目：

    某州團練使。

    某州團練副使。

    某州團練判官。

  州學：

    博士。

    助教。

東京道：

    安州團練使。

防禦使司職名總目：

    某州防禦使。

    某州防禦副使。

    某州防禦判官。

  州學：

    博士。

    助教。

東京道：

廣州防禦使司。

鎮海府防禦使司。

冀州防禦使司。[1]

衍州安廣軍防禦使司。

[1]冀州防禦使司：本書卷三八《地理志二》："冀州，防禦，聖宗建。升永安軍。"該州爲聖宗所建的防禦州，後升永安軍，即不再是防禦州。故中華點校本校勘記所言不確。【劉校】中華點校本校勘記云，"據《地理志》二，應作冀州永安軍防禦使司"。

州刺史職名總目：

某州刺史。

某州同知州事，耶律獨攧重熙中同知金肅軍事。[1]

某州録事參軍，世宗天禄五年，詔州録事參軍委政事省差注。

州學：

博士。

助教。

上京道五州：烏、降聖、維、防、招。

東京道三十七州：穆、賀、盧、鐵、崇、耀、嬪、遼西、康、宗、海北、巖、集、祺、遂、韓、銀、安遠、威、清、雍、湖、渤、郢、銅、涑、率賓、定理、鐵利、吉、麓、荆、勝、順化、連、肅、烏。[2]

中京道十三州：恩、惠、榆、澤、北安、潭、松山、安德、黔、嚴、隰、遷、潤。[3]

南京道八州：順、檀、涿、易、薊、景、灤、營。

西京道八州：弘、德、寧邊、歸化、可汗、儒、武、東勝。

[1]金肅軍：治所在今內蒙古自治區准格爾旗西北。

[2]東京道三十七州：【劉校】中華點校本校勘記云，“據《地理志》二，賀州下應有宣州、懷化軍，嬪州下應有嘉州。總數四十。又《地理志》，勝州作媵州；無烏州，有安州”。

[3]松山：治所在今内蒙古自治區赤峰市松山區。 隰：原誤“濕”。中華點校本據本書卷三九《地理志三》及《金史·地理志》改。今從改。

縣職名總目：

某縣令。

某縣丞。

某縣主簿，世宗天禄五年，詔縣主簿委政事省差注。[1]

某縣尉。

縣學，大公鼎爲良鄉縣尹，[2]建孔子廟：

博士。

助教。

五京諸州屬縣，見《地理志》。縣有驛遞、馬牛、旗鼓、鄉正、廳隸、倉司等役。有破産不能給者，良民患之。馬人望設法，使民出錢免役，[3]官自募人，倉司給使以公使充，人以爲便。

[1]委政事省差注：【靳校】原本闕“委”字，中華點校本及修訂本依殿本及本書上下文意補。修訂本校勘記云，本書卷五《世宗紀》天禄五年（951）五月壬戌，“詔州縣録事參軍、主簿，委政事省銓注”。今據補。

[2]大公鼎爲良鄉縣尹：【劉校】據中華點校本校勘記，本書卷一〇五《大公鼎傳》作“良鄉縣令”。

[3]出錢免役：據本書卷一〇五《馬人望傳》，天祚帝時期人望任南院樞密使，始行令民出錢免役之法，此即北宋境内實行的募役法。

南面分司官

平理庶獄，采摭民隱，漢唐以來，賢主以爲恤民之令典。官不常設，有詔，則選材望官爲之。

分決諸道滯獄使，聖宗統和九年命邢抱朴等五員，又命馬守瑛等三員，分決諸道滯獄。[1]

按察諸道刑獄使，開泰五年遣劉涇等分路按察刑獄。[2]

采訪使，太宗會同三年命于骨鄰爲采訪使。

[1]又命馬守瑛等三員，分決諸道滯獄：【劉校】據中華點校本校勘記，“按《紀》統和九年三月，‘復遣庫部員外郎馬守琪、倉部員外郎祁正、虞部員外郎崔佑、薊北縣令崔簡等分決諸道滯獄’。馬守瑛即馬守琪，‘三員’應作‘四員’”。

[2]開泰五年遣劉涇等分路按察刑獄：【劉校】據中華點校本校勘記，“按《紀》開泰六年七月，‘劉涇’作‘劉京’”。

南面財賦官

遼國以畜牧、田漁爲稼穡，財賦之官初甚簡易。自涅里教耕織，而後鹽鐵諸利日以滋殖，既得燕代，益富饒矣。

諸錢帛司職名總目：

某州錢帛都點檢，大公鼎爲長春州錢帛都提點。

長春路錢帛司，興宗重熙二十二年置。

遼西路錢帛司。

平州路錢帛司。

轉運司職名總目：

　　某轉運使。

　　某轉運副使。

　　同知某轉運使。

　　某轉運判官。

山西路都轉運使司，楊晳興宗重熙二十年爲山西轉運使。[1]

奉聖州轉運使司，聖宗開泰三年置。

蔚州轉運使司。

應州轉運使司。

朔州轉運使司。

保州轉運使司，已上並開泰三年置。[2]

西山轉運使，[3]聖宗太平三年見西山轉運使郎玄化。

[1]重熙二十年：【劉校】據中華點校本校勘記，本書卷八九《楊晳傳》作“重熙十二年”。

[2]“奉聖州轉運使司”至“已上並開泰三年置”：【劉校】據中華點校本校勘記，“按《紀》開泰三年三月，南京、奉聖、平、蔚、雲、應、朔等州置轉運使。此缺南京、平州、雲州，多保州”。

[3]西山：中華點校本校勘記疑是“山西”之倒誤。龍門縣（今河北省赤城縣）、懷州（今內蒙古自治區巴林右旗）等地皆有西山，故不能確定“西山”爲倒誤。

南面軍官[1]

《傳》曰：“雖楚有材，晉實用之。”遼自太祖以來，攻掠五代、宋境，得其人則就用之，東、北二鄙以農以工，有事則從軍政。計之善者也。

點檢司職名總目：

  某都點檢，穆宗應曆十六年見殿前都點檢耶律夷剌葛。[2]

  某副點檢，聖宗太平六年見副點檢耶律野。

  同知某都點檢，道宗清寧九年見同知點檢司事耶律撻不也。[3]

點檢司。

殿前都點檢司。

點檢侍衛親軍馬步司。

[1]南面軍官：元人不懂遼朝北、南面官制度，故立此目。“南衙不主兵”即南樞密院不掌軍事，南面官系統中不包括軍官。

[2]應曆十六年：【劉校】“應曆”二字原闕，中華修訂本校勘記云，據本書卷七《穆宗紀下》應曆十六年（966）十二月甲子條補。中華點校本徑補。今從。　殿前都點檢：官名。五代後周世宗設置殿前司，以都點檢、副都點檢爲正副長官，位在都指揮使之上，爲禁軍統帥。宋初廢。遼設殿前都點檢，爲南面軍官，當係模倣周制。

[3]耶律撻不也（？—1077）：字撒班，其世系出於季父房。清寧年間補牌印郎君，累遷永興宮使。大康三年（1077），授北院宣徽使。耶律乙辛謀害太子，撻不也知乙辛奸惡，想要殺乙辛及蕭特里得、蕭十三等人。乙辛知道這一消息後，令其同黨誣構撻不也參與廢立事，於是撻不也被殺。本書卷九九有傳。

諸指揮使司職名總目：

某軍都指揮使。聖宗統和二年見侍衛親軍都指揮使韓倬。

某軍副指揮使。

某軍都監。

某軍都指揮使司。

某軍副指揮使司。

並同前。

侍衛親軍馬步軍都指揮使司。

侍衛親軍馬軍都指揮使司。

侍衛親軍步軍都指揮使司。

侍衛控鶴兵馬都指揮使司。

侍衛漢軍兵馬都指揮使司。[1]

四軍兵馬都指揮使司。

歸聖軍兵馬都指揮使司。聖宗統和五年，以宋降軍置七指揮署，左右廂，凡四十二員。七年，隸總管府。

歸聖軍左廂兵馬都指揮使司。

歸聖軍右廂兵馬都指揮使司。

第一左廂兵馬都指揮使司。

第一右廂兵馬都指揮使司。

第二左廂兵馬都指揮使司。

第二右廂兵馬都指揮使司。

第三左廂兵馬都指揮使司。

第三右廂兵馬都指揮使司。

第四左廂兵馬都指揮使司。

第四右厢兵馬都指揮使司。
第五左厢兵馬都指揮使司。
第五右厢兵馬都指揮使司。
第六左厢兵馬都指揮使司。
第六右厢兵馬都指揮使司。
第七左厢兵馬都指揮使司。
第七右厢兵馬都指揮使司。
宣力軍都指揮使司。
四捷軍都指揮使司。
天聖軍都指揮使司。
漢軍都指揮使司。

[1]漢軍：也稱"漢兵"。遼朝有衆多的漢軍，其中有阿保機收編的"山北八軍"以及趙延壽的軍隊。此外，遼朝還有自己按照中原軍隊編制組建的漢軍，其中最重要的是燕京等地的禁軍。據《長編》卷五五宋真宗咸平六年（1003）七月己酉記李信云："國中所管幽州漢兵，謂之神武、控鶴、羽林、驍武等，約萬八千餘騎。"其中"羽林""控鶴"是唐、五代禁軍舊有的名號。因此可以斷定李信所説的遼燕京的"漢兵"就是戍衞京城的禁軍。

諸軍都團練使職名總目：
　　某軍都團練使，趙思温太祖神册二年爲漢軍都團練使。[1]
　　某軍團練副使。
　　某軍團練判官。
漢軍都團練使司。

[1]趙思溫（？—939）：盧龍（今河北省盧龍縣）人。字文美。原爲燕帥劉仁恭部將，後降後唐莊宗李存勗，任平州刺史兼平營薊三州都指揮使。降遼後從太祖征渤海，爲漢軍都團練使。太宗時，爲南京留守、盧龍軍節度使。本書卷七六有傳。

諸軍兵馬都總管府職名總目：

　　某兵馬都總管，聖宗太平四年見兵馬都總管。[1]

　　某兵馬副總管。

　　同知某兵馬事。

　　某兵馬判官。

兵馬都總管府。

歸聖軍兵馬都總管府。

[1]太平四年，見兵馬都總管：【劉校】據中華點校本校勘記，"按《紀》太平三年十一月有兵馬都總管韓制心"。

南面邊防官[1]

三皇、五帝寬柔之化，澤及漢、唐。好生惡殺，習與性成。雖五代極亂，習於戰鬥者才幾人耳。[2]宋以文勝，然遼之邊防猶重於南面，直以其地大民衆故耳。卒之親仁善鄰，桴鼓不鳴幾二百年。此遼之所以爲美也歟。

易州飛狐招安使司，[3]聖宗統和二十三年改安撫使司。

易州飛狐兵馬司，道宗咸雍四年改易州安撫司。

易州飛狐招撫司。

西南面招安使司，耶律合住景宗保寧初爲西南面招安使。

巡檢使司，耶律合住景宗保寧中爲巡檢使。

五州都總管府，耶律速撒穆宗應曆初爲義、霸、祥、順、聖五州都總管。[4]

山後五州都管司，[5]聖宗統和四年見蒲奴寧爲山後五州都管。

五州制置使司，聖宗開泰九年見霸、建、宜、泉、錦五州制置使。[6]

三州處置使司，韓德樞太宗時爲平、灤、營三州處置使。

霸州處置使司，統和二十七年廢。

[1]南面邊防官：遼朝無“南面邊防官”，掌南面邊防的機構是設在南京的元帥府。此外掌邊防的還有西南面招討司、西北路招討司、黃龍府都部署司、東京都部署司，皆屬北面。“南面邊防官”一目，與“南面軍官”一樣，皆是元代修史者傳遞的關於遼代官制的錯誤信息。

[2]才幾人耳：【劉校】原本、南監本、北監本均作“財幾人耳”，中華點校本及修訂本據殿本改。今從改。

[3]飛狐：古縣名。今河北省淶源縣在隋、唐、遼、宋、金、元時名飛狐縣。

[4]耶律速撒（？—1002）：字阿敏。應曆初，爲侍從，累遷突呂不部節度使。歷霸、濟、祥、順、聖五州都總管。保寧三年（971），改九部都詳穩。四年，伐党項，屢立戰功。統和初以來，在邊二十年，安集諸蕃，威信大振。本書卷九四有傳。

[5]山後：又稱山北。即謂雲、應、寰、朔、蔚、新、媯、儒、武九州。

[6]開泰九年，見霸、建、宜、泉、錦五州制置使：【劉校】據中華點校本校勘記，“按遼無泉州。檢本書卷二九《地理志三》，統和中制置建、霸、宜、錦、白川等五州，‘泉’應是白川之誤”。

（李錫厚注　劉鳳翥校）

遼史　卷四九

志第十八

禮志一

　　理自天設，情繇人生，以理制情而禮樂之用行焉。[1]林豺梁獺是生郊禘，[2]窪尊燔黍是生燕饗，[3]藁稭瓦棺是生喪葬，[4]儷皮緇布是生婚冠。[5]皇造帝秩三王彌文，[6]一文一質盖本于忠。[7]變通革弊與時宜之，唯聖人爲能通其意。執理者膠瑟聚訟不適人情，[8]徇情者稊稗綿蕝不中天理。[9]秦漢而降君子無取焉。

　　[1]禮樂之用：即禮樂的功用。關於禮樂的功用以及理與情的關係，《遼史》禮志序表達的正是宋元理學的觀點。宋人黃榦《勉齋集》卷一七《復饒伯輿》南説："近亦頗覺古人爲學，大抵先於身心上用功……無非欲人檢點身心，存天理，去人慾而已。"所謂"理自天設，情由人生"，也就是理學家的"天理""人欲"之説。禮樂代表的是天理，是用以制約人的情感的。
　　[2]林豺梁獺：《禮記·王制》云："獺祭魚，然後虞人入澤梁；豺祭獸，然後田獵；鳩化爲鷹，然後設罻羅；草木零落，然後

入山林。”意思是説林中的豺狼秋季獵獲走獸，陳於住地四周，以備過冬食用，古人稱“豺祭獸”；早春時節水獺捕魚陳於水邊，古人稱“獺祭魚”。豺、獺有祭，啟發帝王以祖先配祭上天的郊禘大典。　郊禘：古帝王以祖先配祭昊天上帝的典禮。

[3]窪尊燔黍是生燕饗：鑿地爲尊，黍米放在燒石上加熱取食，這就是燕饗的起源。

[4]虆（léi）梩瓦棺是生喪葬：意思是説簡單裝斂、葬埋就是喪葬制度的開始。《孟子・滕文公上》：“蓋歸反虆梩而掩之，掩之誠是也，則孝子仁人之掩其親，亦必有道矣。”注云：“虆梩，籠臿之屬，可以取土者也。”《鹽鐵論・散不足》云：“古者瓦棺容屍，木板聖周，足以收形骸、藏髮齒而已。”“瓦棺”墓，東南沿海及臺灣等地均有發現。虆，是盛土器；梩，鍬、鍤之類的挖土工具。

[5]儷皮緇（zī）布是生婚冠：意即毛皮黑布，實是婚冠大禮的初階。“儷皮”是指成對的鹿皮。古人用爲聘問、酬謝或訂婚的禮物。《儀禮・士冠禮》：“乃禮賓以壹獻之禮，主人酬賓束帛、儷皮。”鄭玄注：“儷皮，兩鹿皮也。”“緇”是黑色。

[6]皇造帝秩：唐堯、虞舜禪讓有序，有如皇天上帝安排百神的位次一樣。　三王彌文：三王指商湯王、周文王和周武王。“彌文”是説他們不同於唐堯、虞舜禪讓，即位已充滿文明意味。

[7]一文一質：是説堯、舜時期與三王時代的區別，一是文明時代、一是質樸的原始時代。

[8]膠瑟聚訟：執一成不變之説，就有如不懂得調適樂器的音準，以至聚訟紛紜。“膠柱鼓瑟”，亦作“膠柱調瑟”，指不能靈活變通。漢代揚雄《法言・先知》：“以往聖人之法治將來，譬猶膠柱而調瑟。”

[9]稊稗綿蕝：喻運用稊綿等物可以演習整頓朝章典儀。“稊稗”是一種與穀物類似的野草。綿是蠶絲結成的片或團；蕝（蕨jué）是古代朝會時表示位次的茅束。《史記》卷九九《劉敬叔孫通列傳》載，叔孫通欲爲漢高祖立朝儀，遂與魯生三十人及高祖左右

學者及其弟子百餘人"爲綿蕝野外",演習月餘,朝儀始成。《索隱》引韋昭云:"引繩爲綿,立表爲蕝。"又引賈逵云:"束茅以表位爲蕝。"

遼本朝鮮故壤,[1]箕子八條之教,[2]流風遺俗蓋有存者。自其上世,緣情制宜隱然有尚質之風。遙輦胡剌可汗制祭山儀,[3]蘇可汗制瑟瑟儀,[4]阻午可汗制柴册再生儀,[5]其情朴,其用儉。敬天恤災,施惠本孝,出於悃忱,[6]殆有得於膠瑟聚訟之表者。太古之上,椎輪五禮,[7]何以異兹。太宗克晉,稍用漢禮。

[1]朝鮮故壤:這裏説"遼本朝鮮故壤",實屬"張冠李戴",蓋因《遼史》卷三八《地理志二·東京道》將朝鮮半島上的一條名爲"浿水"的河流,"移"到了遼陽附近所致。中華點校本卷三八校勘記認爲本卷"東京遼陽府至中京顯德府"一節是"誤以遼陽爲平壤"。其實不止於此。以下在述及遼陽附近的河流時,除了遼河、渾河、大梁水(太子河)等河流之外,又説到有浿水。並説:"遼陽縣。本渤海國金德縣地。漢浿水縣,高麗改爲勾麗縣,渤海爲常樂縣。"浿水縣,漢屬樂浪郡。據《漢書·地理志》:"樂浪郡,武帝元封三年開。莽曰樂鮮。屬幽州。"該郡下轄二十五縣,其中浿水縣因水得名,"水西至增地入海"。浿水縣不在遼陽,它所屬的樂浪郡,應劭注"故朝鮮國也"。此外,樂浪郡的另一屬縣朝鮮縣,應劭注"武王封箕子於朝鮮"。關於浿水與樂浪郡,《高麗史》卷五八《地理志·樂浪郡》有如下記載:"周武王克商,封箕子於朝鮮,是爲後朝鮮。逮四十一代孫準時有燕人衛滿亡命,聚黨千餘人,來奪準地,都於王險城(原注:險,一作"儉",即平壤),是爲衛滿朝鮮。其孫右渠不肯奉詔,漢武帝元封二年遣將討之,定爲四郡,以王險爲樂浪郡。……有大同江(原注:即浿江,

又名王城江。江之下流爲九津溺水）。”樂浪郡治所設在王險城，亦即今朝鮮平壤市。浿水或浿江，即流經平壤的大同江。皆與遼之疆域無涉。

［2］八條之教：《漢書·地理志》：“殷殷道衰，箕子去之朝鮮，教其民以禮義，田蠶織作。樂浪朝鮮民犯禁八條：相殺以當時償殺；相傷以穀償；相盜者男沒入爲其家奴，女子爲婢，欲自贖者，人五十萬。雖免爲民，欲猶羞之，嫁取無所讎，是以其民終不相盜，無門户之閉，婦人貞信不淫辟。”

［3］遙輦胡剌可汗：傳説爲遙輦氏契丹第三世君主。　祭山儀：又作“拜山儀”。

［4］蘇可汗：傳説爲遙輦氏契丹第四世君主。　瑟瑟儀：契丹禮儀名。又作瑟瑟禮。

［5］阻午：傳説爲遙輦氏契丹第二世君主。

［6］悃（kǔn）忱：誠懇、忠誠之義。漢代班固《白虎通·三教》：“忠形於悃忱，故失野；敬形於祭祀，故失鬼；文形於飾貌，故失薄。”

［7］椎輪五禮：原始的無輻車輪謂之“椎輪”，亦指棧車，此用以比喻五禮草創。“五禮”謂吉禮、凶禮、賓禮、軍禮和嘉禮。

今國史院有金陳大任《遼禮儀志》，[1]皆其國俗之故，又有《遼朝雜禮》，漢儀爲多。別得宣文閣所藏耶律儼《志》，[2]視大任爲加詳。存其略著于篇。

［1］陳大任：金人。曾參與纂修《遼史》。金初纂修《遼史》，此事先由廣寧尹耶律固承擔。未及成書，耶律固先亡，於是又由其門人蕭永祺續成。這部《遼史》有紀三十卷，志五卷和傳四十卷，紀、傳卷數與今本元修《遼史》相同。書成後，未曾刊行。後至章宗時期，先後有移剌履、賈鉉、党懷英及蕭貢等人參與刊修，至泰

和七年（1207）由陳大任完成，但亦未刊行。金亡後，蕭永祺《遼史》稿本已散佚無存，陳大任《遼史》稿本也均已殘缺不全。

[2]耶律儼（？—1113）：析津（今北京市）人。字若思，本姓李氏。咸雍進士。壽昌初，授樞密直學士。拜參知政事。修《皇朝實錄》七十卷，至元代纂修《遼史》時，書稿已殘缺不全。本書卷九八有傳。

吉儀

祭山儀：設天神、地祇位于木葉山，東鄉。[1]中立君樹，前植群樹，以像朝班。[2]又偶植二樹，以爲神門。皇帝、皇后至，夷离畢具"禮儀"。[3]牲用赭白馬、玄牛、赤白羊，皆牡。僕臣曰旗鼓拽剌，[4]殺牲，體割，懸之君樹。太巫以酒酹牲。禮官曰敵烈麻都奏"儀辦"。[5]皇帝服金文金冠，白綾袍，絳帶，懸魚，[6]三山絳垂，飾犀玉刀錯，絡縫烏靴。皇后御絳帕，絡縫紅袍，懸玉佩，雙結帕，絡縫烏靴。皇帝、皇后御鞍馬。群臣在南，命婦在北，[7]服從各部旗幟之色以從。皇帝、皇后至君樹前下馬，升南壇御榻坐。群臣、命婦分班，以次入就位；合班，拜訖，復位。皇帝、皇后詣天神、地祇位，致奠；閣門使讀祝訖，[8]復位坐。北府宰相及惕隱以次致奠于君樹，[9]徧及羣樹。樂作。群臣、命婦退。皇帝率孟父、仲父、季父之族，[10]三匝神門樹，餘族七匝。皇帝、皇后再拜，在位者皆再拜。上香，再拜如初。皇帝、皇后升壇，御龍文方茵坐。再聲警，詣祭東所，群臣、命婦從，班列如初。巫衣白衣，惕隱以素巾拜而冠之。巫三致辭。每致辭，皇帝、皇后一拜，在位者皆一拜。皇帝、皇后各舉酒二爵、肉二器，再奠。
大臣、命婦右持酒，左持肉各一器，少後立，一奠。命
惕隱東向擲之。皇帝、皇后六拜，在位者皆六拜。皇
帝、皇后復位坐。命中丞奉茶果、餅餌各二器，奠于天
神、地祇位。執事郎君二十人持福酒、胙肉，[11] 詣皇
帝、皇后前。太巫奠酹訖，皇帝、皇后再拜，在位者皆
再拜。皇帝、皇后一拜，飲福，受胙，復位坐。在位者
以次飲。皇帝、皇后率羣臣復班位，再拜。聲蹕，一
拜。退。

[1]天神、地祇位：木葉山建有始祖廟，奇首可汗在在南廟，
可敦在北廟，神位也是南、北分設。"中立君樹"是説在天神、地
祇位與群樹之間植君樹。"君樹"代表木葉山神，他被賦與帝王的
身份，就如同中原統治者將泰山神稱爲東嶽大帝一樣。　木葉山：
此指永州境内一座山，契丹人視此山爲神山，其地在西拉木倫河與
老哈河會合處。上建契丹始祖廟，奇首可汗在南廟，可敦（可汗之
妻）在北廟，"繪塑二聖並八子神像"。《長編》卷九七宋天禧五年
（1021）八月甲申（《宋會要·蕃夷》作天禧四年）記載，宋綬等
始至木葉山，"山在中京東微北。自中京東過小河……度土河，亦
云撞撞水，聚沙成墩，少人煙，多林木，其河邊平處，國主曾於此
過冬。凡八十里至張司空館，七十里至木葉館。離中京皆無館舍，
但宿穹帳，欲至木葉三十里許，始有居人瓦屋及僧舍。又歷荊榛荒
草，復渡土河，至木葉山，本阿保機葬處。又云祭天之地。東向設
氈屋，署曰省方殿，無階，以氈藉地，後有二大帳。次北，又設氈
屋，曰慶壽殿，去山尚遠。國主帳在氈屋西北，望之不見"。按，
據《營衛志》"省方殿"是冬捺鉢的殿帳，冬捺鉢在廣平澱，在永
州東南三十里。可知木葉山即距此不遠。　鄉：通"向"。《漢書》

卷四《文帝紀》記載群臣勸進情形：“羣臣皆伏，固請。代王西鄉讓者三，南鄉讓者再。”如淳曰：“讓羣臣也。或曰賓主位東、西面，君臣位南、北面。故西鄉坐，三讓不受。羣臣猶稱宜，乃更南鄉坐，示變即君位之漸也。”師古曰：“鄉，讀曰嚮。”契丹人拜日，日出東方，故東向而尚左。“君樹”象徵帝王，故東向。遼朝祇有行漢禮時，皇帝纔南向坐。

[2]朝班：遼群臣朝會，按既定次序列隊，稱“排班”，亦即“朝班”。君樹前植方——即其東方植群樹，象徵“朝班”。祭山儀始於何時雖不可考，但植樹以象徵君、臣、朝班的佈局，則應是在太宗以至景宗實行漢禮以後的事。

[3]夷离畢：遼官名。爲執政官，相當於副宰相參知政事。後來官分南、北，北面官有夷离開畢院，主要掌刑政。

[4]挞剌：契丹語“走卒”謂之“挞剌”，後爲軍官名。有掌旗鼓者，稱“旗鼓挞剌”，還有專司偵候、探報等職者。

[5]敵烈麻都：官名。掌禮官，屬北面官。

[6]懸魚：唐代官吏佩戴盛放魚符（朝廷頒發的魚形符契）的袋，稱懸魚。宋以後，無魚符，仍佩魚袋。《宋史·輿服志五》：“魚袋。其制自唐始，蓋以爲符契也……宋因之，其制以金銀飾爲魚形，公服則繫於帶而垂於後，以明貴賤，非復如唐之符契也。”

[7]命婦：有封號的婦人。在宮廷中則妃嬪等稱爲内命婦，在宮廷外則臣下之母妻有封號者稱爲外命婦。《禮記·禮器》：“卿大夫從君，命婦從夫人。”唐代陳鴻《長恨歌傳》：“每歲十月，駕幸華清宮，内外命婦，熠耀景從。”

[8]閤門使：官名。即古者擯相之職。唐末、五代凡取稟旨命、供奉乘輿、朝會遊宴及贊導三公、群臣、蕃國朝見、辭謝，糾彈失儀之事，由閤門使、副掌管。閤門使多以處武臣。參見《文獻通考·職官十二》。

[9]宰相：契丹部族官名。契丹可汗之下有北、南二府，各部族則分屬二府，故北宰相亦稱北府宰相，南宰相亦稱南府宰相。

[10]孟父、仲父、季父之族：契丹以玄祖之後爲皇族，分爲三房：孟父房、仲父房和季父房。季父房一系太祖阿保機子孫爲"横帳"。本書卷一六《聖宗本紀七》：開泰八年（1019）冬十月癸巳，詔"横帳、三房不得與卑小帳族爲婚；凡嫁娶，必奏而後行"。本書卷四五《百官志一》："玄祖伯子麻魯無後，次子巖木之後曰孟父房；叔子釋魯曰仲父房；季子爲德祖，德祖之元子是爲太祖天皇帝，謂之横帳；次曰剌葛，曰迭剌，曰寅底石，曰安端，曰蘇，皆曰季父房。"

[11]郎君：即"舍利"，契丹官名。本書卷一一六《國語解》："契丹豪民要裹頭巾者，納牛駝十頭，馬百匹，乃給官名曰舍利。"

太宗幸幽州大悲閣，[1]遷白衣觀音像建廟木葉山，[2]尊爲家神，於拜山儀過樹之後，增"詣菩薩堂儀"一節，然後拜神，非胡剌可汗之故也。興宗先有事于菩薩堂及木葉山遼河神，然後行拜山儀，冠服、節文多所變更，後因以爲常。神主樹木、懸牲告辦、班位奠祝、致嘏飲福，往往暗合于禮。天理人情放諸四海而準，信矣夫。興宗更制不能正以經術，無以大過於昔，故不載。

[1]幽州：治所在今北京市境内。　大悲閣：在幽州的佛寺名。太宗幸幽州大悲閣：【劉校】中華點校本校勘記云，"宗"原誤"祖"。據本書卷三七《地理志一》永州興王寺遷白衣觀音像事改。

[2]遷白衣觀音像：據本書卷三七《地理志一》永州條，"興王寺，有白衣觀音像，太宗援石晉主中國，自潞州回，入幽州，幸大悲閣，指此像曰：'我夢神人令送石郎爲中國帝，即此也。'因移木葉山，建廟"。

瑟瑟儀：若旱，擇吉日行瑟瑟儀以祈雨。前期，置百柱天棚。及期，皇帝致奠于先帝御容，乃射柳。[1]皇帝再射，親王、宰執以次各一射。中柳者質誌柳者冠服，不中者以冠服質之。[2]不勝者進飲於勝者，然後各歸其冠服。又翼日，植柳天棚之東南，巫以酒醴，黍稷薦植柳，祝之。皇帝、皇后祭東方畢，子弟射柳。皇族、國舅、群臣與禮者，賜物有差。既三日雨，則賜敵烈麻都馬四疋、衣四襲；否則以水沃之。

道宗清寧元年，皇帝射柳訖，詣風師壇，[3]再拜。

[1]射柳：此爲瑟瑟儀中的一項遊藝活動，但並非始於契丹，其歷史可以追朔至漢魏時期的鮮卑和匈奴。《漢書》卷九四《匈奴傳》："五月大會龍城，祭其先、天地、鬼神。秋，馬肥，大會蹛林，課校人畜計。"注引服虔曰："蹛音帶。匈奴秋社，八月中會祭處也。"師古曰："蹛者，繞林木而祭也。鮮卑之俗自古相傳，秋天之祭，無林木者，尚豎柳枝，衆騎馳遶三周乃止，此其遺法。'計'者，人畜之數。"塞北其他遊牧民族也有與此相關風俗，如高車"其語略與匈奴同而時有小異，或云其先匈奴之甥也"。《魏書》卷一〇三《高車傳》云："俗不清潔，喜致震霆，每震則叫呼射天而棄之移去。至來歲秋馬肥，復相率候於震所，埋羖羊然火、拔刀，女巫祝説，似如中國祓除而群隊馳馬，旋繞百帀乃止。人持一束柳桋，回豎之，以乳酪灌焉。"《長編》卷一一〇宋仁宗天聖九年（1031）六月丁丑載：契丹"每謁木葉山，即射柳枝，諢子唱番歌，前導彈胡琴和之，已事而罷"。此外，祈雨也射柳。金初接待宋使，亦以射柳作爲一種遊樂項目。元朝和明朝也有此類活動。

[2]中柳者質誌柳者冠服，不中者以冠服質之：這裏説的是，射中者取指定目標者的冠服以爲質押，未射中者則以自己的冠服交

與誌柳者爲質。

　　[3]風師壇：設此壇以祭風伯。

　　柴册儀：[1]擇吉日。前期置柴册殿及壇。壇之制，厚積薪，以木爲三級，壇置其上，席百尺氈，龍文方茵。又置再生母后搜索之室。皇帝入再生室，行再生儀畢。八部之叟前導後扈，左右扶翼皇帝册殿之東北隅。拜日畢，乘馬，選外戚之老者御。皇帝疾馳，仆，御者、從者以氈覆之。皇帝詣高阜地，大臣、諸部帥列儀仗，遙望以拜。皇帝遣使勑曰：“先帝升遐，有伯叔父兄在，當選賢者。冲人不德，何以爲謀?”群臣對曰：“臣等以先帝厚恩，陛下明德，咸願盡心，敢有他圖。”皇帝令曰：“必從汝等所願，我將信明賞罰。爾有功陟而任之，爾有罪黜而棄之。若聽朕命，則當謨之。”僉曰：“唯帝命是從。”皇帝于所識之地，封土石以誌之。遂行。拜先帝御容，宴饗群臣。翼日，皇帝出册殿，護衛太保扶翼升壇。奉七廟神主置龍文方茵。北、南府宰相率群臣圜立，各舉氈邊，贊祝訖，樞密使奉玉寶、玉册入。[2]有司讀册訖，樞密使稱尊號以進，群臣三稱“萬歲”，皆拜。宰相、北南院大王、諸部帥進赭、白羊各一群。皇帝更衣，拜諸帝御容。遂宴群臣，賜賚各有差。

　　[1]柴册儀：契丹禮儀名。此禮源於中國傳統的“燔柴告天”，是古代天子祭天之禮。據《爾雅·釋天》：“祭天曰燔柴。”行禮時，積薪於壇，取玉及牲置於柴上焚燒。此禮與契丹的再生禮合併舉

行，是爲契丹部落聯盟選汗和遼建國後新皇帝即位舉行的禮儀。相傳遙輦氏阻午可汗始制此儀，遼朝建國後有所增飾。

[2]樞密使：此爲契丹樞密院即北樞密院之樞密使，爲北面官之最高官職，掌軍事、部族。詳見本書卷四五《百官志一》。　玉寶：即玉璽。天子或后妃的玉印。據《新唐書·車服志》："至武后，改諸璽皆爲寶。"據本書卷五七《儀衛志三》《符印》，會同九年（947），太宗討伐後晉，末帝上降表並交出傳國寶一件、金印三件，符瑞即帝王受命於天的徵兆。於此時歸遼。　玉册：亦作"玉策"。古代册書的一種，帝王祭祀告天或上尊號用之。用玉簡製成。

拜日儀：[1]皇帝升露臺，[2]設褥，向日再拜，上香。門使通，閣使或副："應拜臣僚殿左右階陪位，再拜。"皇帝昇坐。奏牓訖，[3]北班起居畢，時相已下通名再拜，不出班，奏"聖躬萬福"。又再拜，各祗候。宣徽已下橫班同。[4]諸司、閣門、北面先奏事；餘同。教坊與臣僚同。

[1]拜日儀：拜日也是塞北故有習俗。《漢書》卷九四《匈奴傳》載："單于朝出營拜日之始生，夕拜月。"塞北寒冷、人們生活在嚴酷的自然環境中，自然會產生對太陽的崇拜，因爲太陽給他們帶來溫暖和光明。本書卷四九《禮志一》記載，遼朝皇帝有拜日儀。此外，本書卷五三《禮志六》《皇后生辰儀》也記載"臣僚昧爽朝。皇帝、皇后大帳前拜日，契丹、漢人臣僚陪拜。"契丹人拜日，在宋人詩中多有反映。劉攽有詩云："飲冰重見古人心，絶幕仍當暮雪深。朝出穹廬隨拜日，夜鳴刁斗候橫參。胡兒射鴈爭娛客，羌女聽笳卻走林。聞說虜情親博望，一言珍重萬黃金。"（《彭城集》卷一三《次韻和張舍人使北歸》）他的另一首詩，也言及契丹人拜日："朔雪如沙萬里程，幽陰戴斗正嚴凝。終軍何必功橫

草，沈尹無煩夕飲冰。茗粥邇來誇渾酪，氊裘仍自愧綿繒。歲寒拜日穹廬外，想見東南瑞氣升。(《彭城集》卷一三《王仲至使北》)

[2]露臺：明人周祈《名義考》卷三《堂室》："今人以正寢爲堂，燕寢爲室，殊非。堂，蓋正寢前露臺也。"他又引《爾雅》"古者爲室，自半以前虛之，謂之堂；半以後實之，謂之室"。所謂"半以前虛之"，也就是屋室前與之相接的露臺。皇家宮殿的露臺更寬敞、更豪華。

[3]奏牓訖：奏已經榜示拜日臣僚名單完畢。

[4]宣徽：即宣徽使。遼朝官名。遼設北、南宣徽，分隸北南樞密院之下。宣徽北院使常執行軍事使命。此外，宣徽使還掌領朝會、宴饗、禮儀、祭祀及御前祗應之事。　橫班：按照朝會時排班的位序，宋定内客省使至閤門使曰橫班。據《玉海》卷七〇所載《唐貞元班序勅》，貞元二年（786）九月五日勅，文武百官朝謁班序："中書、門下各以本官序，供奉官在橫班序，若入閤則各隨左右省主。御史大夫、中丞、侍御史在左，殿中侍御史在右。通事舍人分左右立，文武官行立班序。"

告廟儀：[1]至日臣僚昧爽朝服，詣太祖廟。次引臣僚合班，先見御容，再拜畢，引班首左上至褥位，再拜。贊："上香。"揖"欄内上香"畢，復褥位，再拜。各祗候立定。左右舉告廟祝版於御容前跪捧。[2]中書舍人俛跪讀訖，[3]俛興，[4]退。引班首左下復位，又再拜。分引上殿，次第進酒三。分班引出。

[1]告廟：古代祭祀行爲。天子或諸侯出巡或遇兵戎等重大事件而祭告祖廟。《左傳·桓公二年》："凡公行，告於宗廟，反行飲至，舍爵策勳焉，禮也。"《新五代史·伶官傳序》："莊宗受（三矢）而藏之於廟，其後用兵，則遣從事以一少牢告廟，請其矢，盛

以錦囊，負而前驅。”

[2]告廟祝版：即一塊寫有告廟祝辭的木板。

[3]俛跪：躬身下跪。“俛”，“俯”之異體。

[4]俛興：躬身站起。

謁廟儀：至日昧爽，南北臣僚各具朝服赴廟。車駕至，臣僚於門外依位序立，望駕鞠躬。班首不出班奏“聖躬萬福”。舍人贊“各祗候”畢，皇帝降車，分引南北臣僚左右入，至丹墀褥位。合班定，皇帝升露臺褥位。宣徽贊，“皇帝再拜”，殿上、下臣僚陪位皆再拜。上香畢，退，復位，再拜。分引臣僚左、右上殿位立，[1]進御容酒。依常禮：若即退，再拜。[2]舍人贊“好去”，引退。禮畢。

[1]上殿位立：按照上殿排班圖所示位置站立。

[2]這裏所謂的“常禮”是指舊時禮節，來時見面要行禮，分別時要再行禮。上至統治者，下至老百姓概莫能外。“依常禮：若即退，再拜”就是説進酒之後“依常禮”，若立即引退，則要“再拜”。

告廟、謁廟皆曰“拜容”，以先帝、先后生辰及忌辰行禮，自太宗始也。其後正旦、皇帝生辰、諸節辰皆行之。若忌辰及車駕行幸亦嘗遣使行禮。凡瑟瑟、柴册、再生、納后則親行之。凡柴册、親征則告，幸諸京則謁。四時有薦新。[1]

[1]薦新：祭祀祖宗陵廟的禮儀之一。唐制定在每年九月一日薦衣於陵寝。天寶二年（743）八月制（《唐大詔令集》卷七七《九月一日薦衣陵寝制》）："禋祀者，所以展誠敬之心；薦新者，所以申霜露之思。是知先王制禮，蓋縁情而感時。朕纘承丕業，肅恭祀事，至於諸節，當修薦享。""自今以後，每至九月一日薦衣於陵寝。貽範千載，庶展孝思。"顧炎武《日知録》卷一五《陵》："今關中之俗有所謂送寒衣者，其遺教也，今俗乃用十月一日。"而遼制則四時有薦新。

孟冬朔拜陵儀：有司設酒饌于山陵。[1]皇帝、皇后駕至，敵烈麻都奏"儀辦"。閤門使贊："皇帝、皇后詣位，四拜。"訖。巫贊祝，燔胙及時服，[2]酹酒、薦牲。[3]大臣、命婦以次燔胙，四拜。皇帝、皇后率群臣、命婦循諸陵各三匝。還宮。翼日，群臣入謝。

[1]山陵：帝、后的墳墓。《水經注》卷一九《渭水三》："秦名天子塚曰山，漢曰陵，故通曰山陵矣。"拜陵，起於東晉，因其"非晉舊典"，屢遭非議。至唐代，拜陵仍然是引起爭議的話題。《舊唐書》卷二四《禮志》天寶八載（749）十一月，制："親巡陵改爲朝陵，有司行事爲拜陵。"唐朝皇帝是不拜陵的，"有司行事"纔稱爲"拜陵"。宋朝皇帝也不拜陵，而是遣宗室拜陵。遼朝拜陵，明顯多是契丹傳統。

[2]巫贊祝，燔胙（zuò）及時服：巫者向死者通報有烤好的肉即"燔胙"及適時服裝。

[3]薦牲：即獻牲。

爇節儀：皇帝即位，凡征伐叛國俘掠人民、或臣下進獻人口、或犯罪没官户，皇帝親覽閒田建州縣以居之，設官治其事。及帝崩，所置人户、府庫、錢粟，穹廬中置小氈殿，帝及后妃皆鑄金像納焉。節辰、忌日、朔望，皆致祭于穹廬之前。又築土爲臺，高丈餘，置大盤于上，祭酒食撒於其中，[1]焚之，國俗謂之麃節。[2]

[1]祭酒食撒於其中：【劉校】撒，原本、南監本、北監本均作“撒”，明抄本、殿本作“徹”，中華點校本及修訂本據明抄本、殿本改。今從改。

[2]麃節：又稱“燒飯”。《長編》卷一一〇天聖九年（1031）六月丁丑朔載：［契丹］每其主立，聚所剽人户馬牛金帛及其下所獻生口或犯罪没入者，別爲行宫領之。建州縣，置官屬。既死，則設大穹廬，鑄金爲像。朔望節辰忌日，輒致祭。築臺高逾丈，以盆焚食，謂之燒飯。

歲除儀：初夕，[1]勑使及夷离畢率執事郎君至殿前，以鹽及羊膏置爐中燎之。巫及大巫以次贊祝火神訖，[2]閤門使贊皇帝面火再拜。

初，皇帝皆親拜，至道宗始命夷离畢拜之。

[1]歲除儀：所謂“歲除儀”是“初夕”——而不是“除夕”的活勳，初夕也就是《契丹國志·歲時雜記》所記正月一日夜晚。這顯然不能謂之“歲除儀”，是《遼史》編纂者定名之誤。一年最後一天的夜晚稱爲“除夕”，舊歲至此夕而除，次日即新歲。清人吳景旭《歷代詩話》卷五一《除目》：“除猶易也，以新易舊曰除，如新舊歲之交謂之‘歲除’。”宋人曾幾《茶山集》卷六有以“壬戌歲除作明朝六十歲矣”爲題的一首詩，末兩句是：“休言四十明

朝過，看取霜髯六十翁。”“歲除”是指十二月的最後一日，年初一稱“元日”。

　[2]火神：神話中司火之神，上古傳說中有燧人氏。契丹族與中國北方許多信奉薩滿教的民族一樣，也崇拜火神。

（李錫厚注　劉鳳翥校）

志第十九

禮志二

凶儀

喪葬儀：聖宗崩，興宗哭臨于菆塗殿。[1]大行之夕四鼓終，[2]皇帝率群臣入，柩前三致奠。奉柩出殿之西北門，就輼輬車，[3]藉以素裀。巫者袚除之。[4]詰旦發引，至祭所，凡五致奠。太巫祈禳。[5]皇族、外戚、大臣、諸京官以次致祭。乃以衣、弓矢、鞍勒、圖畫、馬馳、儀衛等物皆燔之。至山陵，葬畢，上哀册。[6]皇帝御幄，命改火，面火致奠，三拜。又東向再拜天地訖。乘馬，率送葬者過神門之木乃下，[7]東向又再拜。翼日詰旦率群臣、命婦詣山陵，行初奠之禮，[8]升御容殿，受遺賜。又翼日，再奠如初。

興宗崩，道宗親擇地以葬。道宗崩，菆塗于遊仙殿，有司奉喪服。天祚皇帝問禮于總知翰林院事耶律固，始服斬衰，[9]皇族、外戚、使相、矮墩官及郎君服如之，[10]餘官及承應人皆白枲衣巾以入，[11]哭臨。惕隱、三父房、南府宰相、遙輦常袞、九奚首郎君、夷离畢、國舅詳穩、十閫撒郎君、南院大王郎君，[12]各以次薦奠，進鞍馬、衣襲、犀玉帶等物，表列其數，讀訖焚表。諸國所賻器服，[13]親王、諸京留守奠祭進賻物亦如之。先帝小斂前一日，[14]皇帝喪服上香，奠酒，哭臨。其夜北院樞密使、契丹行宮都部署入，[15]小斂。翼日，遣北院樞密副使、林牙，[16]以所賵器服置之幽宮。[17]靈柩升車，親王推之，至食羖之次。蓋遼國舊俗，於此刑羖羊以祭。[18]皇族、外戚、諸京州官以次致祭。至葬所，靈柩降車就轝，[19]皇帝免喪服，步引至長福岡。是夕，皇帝入陵寢，授遺物于皇族、外戚及諸大臣，乃出。命以先帝寢幄，過於陵前神門之木。帝不親往，遣近侍冠服赴之。初奠，皇帝、皇后率皇族、外戚、使相、節度使、夫人以上命婦皆拜祭，循陵三匝而降。[20]再奠如初。辭陵而還。

[1]菆塗殿：停放靈柩之殿。《禮記·檀弓上》："天子之殯也，菆塗龍輴以槨。"原意爲堆疊木材於輴上爲槨形而塗之。後引申爲停放靈柩。

[2]大行：古代稱剛死而尚未定謚號的皇帝、皇后爲"大行皇帝""大行皇后"。《後漢書·安帝紀》："孝和皇帝懿德巍巍，光於四海；大行皇帝不永天年。"李賢注引韋昭曰："大行者，不反之辭也。天子崩，未有謚，故稱大行也。""在殯"，死者入殮後停柩以待葬。

[3]輼輬車：古代的臥車。亦用作喪車。《史記》卷八七《李

1412

斯列傳》："李斯以爲上在外崩，無真太子，故祕之。置始皇居轀
輬車。"

[4]祓（fú）除：有洗滌、清除之義，如"祓除不祥"。

[5]祈禳：道教最富特色的法術。祈即祈禱，指禱告神明以求
平息災禍、福慶延長；内容廣泛，幾乎覆蓋社會生活的一切方面。

[6]哀册：文體的一種。用於頌揚帝王、后妃以及皇儲生前功
德，刻石埋入陵墓中。遼代聖宗及其兩個皇后的漢字哀册、遼道宗
皇帝和宣懿皇后的契丹小字和漢字的哀册石刻均現藏遼寧省博物
館。遼興宗和仁義皇后的契丹小字和漢字册文仍埋在今内蒙古自治
區巴林右旗索博日嘎鎮的瓦林忙哈地方的永興陵内。漢字和契丹小
字的義和仁壽皇太叔祖的哀册石刻現存巴林右旗博物館。這些都是
研究契丹小字的重要資料。

[7]神門之木：即象徵"神門"的二樹之間。參本書卷四九
《禮志一·祭山儀》。

[8]初奠：置祭品祭祀鬼神或亡靈謂之奠。《禮記·檀弓下》：
"奠以素器，以生者有哀素之心也。"孔穎達《疏》："奠謂始死至葬
之時祭名。""初奠"謂始死時之奠。

[9]斬衰：舊時五種喪服中最重的一種。用粗麻布製成，左右
和下邊不縫。服制三年。子及未嫁女爲父母，媳爲公婆，承重孫爲
祖父母，妻妾爲夫，均服斬衰。

[10]矮墩官：言契丹官員級別。本書卷一一六《國語解》："遼
《排班圖》，有高墩、矮墩、方墩之列。自大丞相至阿扎割只，皆墩
官也。"朝會時，臣僚有坐有立，所謂墩官，即在朝會時可就座者，
因此，宋人陸游《老學庵筆記》卷八徑稱高墩官爲座官："契丹僭
號有高坐官。"地位顯然比侍立者高。矮墩官地位則在高墩之下。
宋使路振於大中祥符元年（遼統和二十六年，1008）使遼，遼聖宗
在中京大内武功殿上接見。他在《乘軺録》（《宋朝事實類苑》卷
七七）中記載聖宗見宋使的儀式説聖宗"左右侍立凡數人，皆胡
豎。黄金飾抵案，四面懸金紡絳絲結網而爲案帳。漢官凡八人，分

東西偏而坐，坐皆繡墩"。　　郎君：契丹官名。即"舍利"，卷一一六《國語解》："契丹豪民要裹頭巾者，納牛駝十頭，馬百匹，乃給官名曰舍利。"

[11]白枲衣巾：傳統的喪服。"枲"即麻。

[12]惕隱：契丹官名。又稱梯里己，掌皇族政教。　　宰相：契丹部族官名。契丹可汗之下有北、南二府，各部族則分屬二府，故北宰相亦稱北府宰相，南宰相亦稱南府宰相。　　夷离畢：遼官名。爲執政官，相當於副宰相參知政事。後來官分南、北，北面官有夷离畢院，主要掌刑政。　　詳穩：遼朝軍官名。元帥府下設大詳穩司。

[13]賻（fù）：出錢財助人辦理喪葬事，稱爲"賻金""賻贈"。

[14]小斂：一種喪禮的儀式。即爲死者加斂衣。《禮記·喪服大記》："小斂，君大夫、士皆用複衣、複衾。"《續漢志·禮儀志》下記載皇帝駕崩小斂，"是日，夜，下竹使符告郡國二千石、諸侯王。竹使符到，皆伏器盡哀，小斂如禮"。

[15]契丹行宮都部署：遼北面行宮官。遼在北南面官系統中，分別設契丹行宮都部署和漢人行宮都部署，其上則有諸行宮都部署。行宮都部署完全是做中原王朝官制設置的，它不同於專管斡魯朵事務的某宮都部署的宮官。宋朝皇帝巡幸亦有行宮，且亦有行宮都部署之設。後避英宗趙曙名諱，改稱行宮都總管。

[16]林牙：契丹官名。掌文翰，相當於翰林學士。

[17]賵（fèng）：指送財物助人辦喪事的行爲，亦指助人辦喪事的財物。　　幽宮：謂墳墓。唐代王維《過秦皇墓》詩："古墓成蒼嶺，幽宮象紫臺。"

[18]羖（gǔ）羊：黑色的公羊。

[19]轝：同"輿"。

[20]循陵三匝而降：【劉校】"三"原本作"二"，明抄本、南監本、北監本、殿本均作"三"。中華點校本及修訂本徑改。今從改。

上謚册儀：先一日，於菆塗殿西廊設御幄并臣僚幕次。太樂令展宮懸於殿庭，[1]協律郎設舉麾位。[2]至日，北、南面臣僚朝服，昧爽赴菆塗殿。先置册、寶案于西廊下。[3]閤使引皇帝至御幄，服寬衣、皂帶。臣僚班齊，[4]分班引入，嚮殿合班立定。引册案上殿至褥位，寶案次之，設於西階。閤使引皇帝自西階升殿。初行樂作，至位立樂止。宣徽使揖"皇帝鞠躬、再拜"，陪位者皆再拜。翰林使執臺琖以進，[5]皇帝再拜。引至神座前，跪奠三，樂作；進奠訖，復位，樂止。又再拜，陪位者皆再拜。引皇帝于神座前北面立，捧册函者去蓋進前跪。册案退，置殿西壁下。引讀册者進前，俛伏跪，[6]自通全銜臣讀謚册。[7]讀訖，俛伏興，[8]復位。捧册函者置于案上。捧寶函者進前跪，讀寶官通銜跪讀訖，引皇帝至褥位再拜，陪位者皆再拜。禮畢，引皇帝歸御幄。初行樂作，至御幄樂止。引臣僚分班出。若皇太后奠酒，依常儀。

[1]太樂令：官名。太樂署長官。其職掌調樂器的音律及音樂人才的培養。《新唐書》卷四八《百官志三》載："大樂署令二人，從七品下……掌調鐘律，以供祭饗。凡習樂，立師以教而歲考其師之課業，爲三等，以上禮部，十年大校，未成則五年而校，以番上下。有故及不任供奉，則輸資錢以充伎衣、樂器之用。"　宮懸：古代鐘磬等樂器懸掛在架上，其形制因用樂者身份地位不同而有別。帝王懸掛四面，象徵宮室四面的牆壁，故名"宮縣"。

[2]協律郎：官名。正八品上，掌和律呂，即負責指揮皇家樂隊演奏。《新唐書》卷一一《禮樂志一》載，演奏時，"協律郎跪

俛伏舉麾"。麾落下即樂止。

[3]册：即玉册，亦作"玉策"。古代册書的一種，帝王祭祀告天或上尊號用之。用玉簡製成。　寶：即玉印，亦稱"玉璽"。天子或后妃的玉印。據《新唐書·車服志》"至武后，改諸璽皆爲寶"。據本書卷五七《儀衛志三·符印》，會同九年（947），太宗討伐後晉，末帝上降表並交出傳國寶一件、金印三件，傳國璽於此時歸遼。

[4]班齊：言臣僚按照"排班圖"列隊完畢。

[5]翰林使：官名。翰林院的侍讀、侍講、修撰、編修、檢討等，皆謂之翰林使。

[6]俛伏跪：躬身伏地下跪。

[7]自通全銜：自己通報全部名銜。

[8]俛伏興：躬身伏地起身。

忌辰儀：先一日，奏忌辰榜子，[1]預寫名紙。大紙一幅，用陰面後第三行書"文、武百僚宰臣某以下謹詣西上閤門進名奉慰"。至日，應拜大小臣僚並皂衣、皂鞓帶，[2]四鼓至時，於幕次前在京於僧寺班齊，依位望闕敘立。[3]直日舍人跪右，執名紙在前，班首以下皆再拜。引退。名紙於宣徽使面付內侍奏聞。

[1]榜子：臣下奏事文書體裁之一種。明人方以智《通雅》卷三一《器物》："唐人奏事，非表非狀者謂之劄子，亦謂之錄子，又謂之榜子。"《通鑑》後唐潞王清泰二年（935）載："或事應嚴密，不以其日；或異日聽於閤門奏牓子。"據此，臣下奏事的榜子要交閤門使。

[2]皂衣：黑衣，素服。亦有著裝樸素之義。《漢書·蕭望之傳》："敞備皂衣二十餘年，嘗聞罪人贖矣，未聞盜賊起也。"顏師

古注引如淳曰：“雖有五時服，至朝皆著皁衣。”

　　[3]望闕：向着宮闕方向。

　　宋使祭奠弔慰儀：太皇太后至菆塗殿，[1]服喪服。太后於北間南面垂簾坐，皇帝於南間北面坐。宋使至幕次，宣賜素服、皁帶。更衣訖，引南、北臣僚入班，立定。可矮墩以下並上殿依位立。先引祭奠使副捧祭文南洞門入殿，上下臣僚並舉哀，至丹墀立定。[2]西上閤門使自南階下，受祭文，上殿啟封，置於香案，哭止。祭奠禮物列殿前。引使副南階上殿至褥位立，[3]揖，再拜。引大使近前上香，退，再拜。大使近前跪，捧臺琖，進奠酒三，教坊奏樂，退，再拜。揖“中書二舍人跪捧祭文”，引大使近前俛伏跪，讀訖，舉哀。引使、副下殿立定，哭止。禮物擔牀出畢，引使副近南面北立。勾弔慰使副南洞門入。四使同見大行皇帝靈，[4]再拜。引出，歸幕次。皇太后別殿坐，服喪服。先引北、南面臣僚並於殿上、下依位立，弔慰使副捧書匣右入，當殿立。閤門使右下殿受書匣，上殿奏“封全”。開讀訖，引使副南階上殿，傳達弔慰訖，退，下殿立。引禮物擔牀過畢，引使、副近南北面立。勾祭奠使、副入。四使同見，鞠躬，再拜。不出班，奏“聖躬萬福”，再拜。出班，謝面天顏，又再拜，立定。宣徽傳聖旨撫問，就位謝，再拜。引出，歸幕次。皇帝御南殿，服喪服。使副入見，如見皇太后儀，加謝遠接、撫問、湯藥，再拜。次宣賜使副并從人、祭奠使副。別賜讀祭文例物。即日就館賜宴。

　　高麗、夏國奉弔進賵等使禮略如之。[5]道宗崩，天祚皇帝問禮于耶律固。宋國遣使弔及致祭、歸賵，皇帝喪服御遊仙之北別殿。使入門，皇帝哭。使者詣柩前上香，讀祭文訖，又哭。有司讀遺詔，慟哭。使者出，少頃，復入，陳賵賵于柩前，皇帝入臨哭。退，更衣，御遊仙殿南之幄殿。使者入見且辭，敕有司賜宴於館。

　　[1]太皇太后：即興宗生母——聖宗欽哀皇后（亦即法天皇太后）。興宗駕崩，道宗即位，當時法天皇太后尚在世，是爲太皇太后，而道宗生母則爲皇太后。

　　[2]丹墀：指宮殿的赤色臺階或赤色地面。《漢書·外戚傳下·孝成班倢伃》："俯視兮丹墀，思君兮履綦。"顏師古注引孟康曰："丹墀，赤地也。"《宋書·百官志上》："殿以胡粉塗壁，畫古賢烈士。以丹朱色地，謂之丹墀。"

　　[3]使副：吊慰大使和副使。

　　[4]四使：指吊慰使及副使，還有祭奠使和副使。

　　[5]高麗：指王建創建的高麗王朝（918—1392）。統治地域在今朝鮮半島，首都在開京（今朝鮮開城市）。　夏國：指西夏（1038—1227）。以党項民族爲主體建立的政權。公元1038年，李元昊叛宋稱帝，建立大夏王朝，傳十代，至1227年爲蒙古所滅。李元昊稱帝以前，作爲北宋境内的地方割據政權，已經具有獨立性。史稱西夏，先後與遼、北宋及金、南宋並立於中國境内。境土包括今寧夏回族自治區全部、甘肅省大部、陝西省北部以及青海省、内蒙古自治區的部分地區。

　　宋使告哀儀：[1]皇帝素冠服，臣僚皂袍、皂鞓帶。宋使奉書右入，丹墀内立。西上閣門使右階下殿受書匣，上殿，欄內鞠躬，奏"封全"。開封，於殿西案授宰相讀訖，皇帝舉哀。[2] 舍人引使者右階上，欄內俛跪，附奏起居訖，俛興，立。皇帝宣問"南朝皇帝聖躬萬福"，使者跪奏："來時皇帝聖躬萬福。"起，退。舍人引使者右階下殿，於丹墀西，面東鞠躬。通事舍人通使者名某祗候見，[3] 再拜。不出班，奏："聖躬萬福。"再拜。出班，謝面天顏，再拜。又出班，謝遠接、撫問、湯藥，再拜。贊"祗候"，引出，就幕次，宣賜衣物。引從人入，通名拜，奏"聖躬萬福"，出就幕，賜衣，如使者之儀。又引使者入，面殿鞠躬，贊"謝恩"，再贊"有勑賜宴"，再拜。贊"祗候"，出就幕次宴。引從人謝恩，拜勑賜宴皆如初。宴畢歸館。

[1]宋使告哀儀：據本書卷二二《道宗本紀》：咸雍三年（1067）"三月癸亥，宋主曙殂，子頊嗣位，遣使告哀"。宋英宗趙曙崩，告哀於契丹。此前真宗、仁宗駕崩，據《長編》記載，也都曾向契丹告哀，但不見《遼史》記載，故不能確定此儀是哪一次的告哀悼儀式。"皇帝素冠服，臣僚皂袍、皂鞓帶"，都是表示對宋朝皇帝逝世的哀悼。

[2]舉哀：放聲哭。

[3]通事舍人：唐官名。唐於中書省置通事舍人十六人，從六品上，掌朝見引納，殿庭通奏。四夷入貢，也經由通事舍人轉呈皇帝。後，任此職者多通"四夷"語言。遼承唐制，亦設此官。

宋使進遺留禮物儀：百官昧爽朝服，[1] 殿前班立。宋遺留使、告登位使副入內門，館伴副使引謝登位使就幕次坐。[2]館伴大使與遺留使、副奉書入，至西上閤門外氈位立。閤使受書匣，置殿西階下案。引進使引遺留物於西上閤門入，即於廊下橫門出。皇帝昇殿坐。宣徽使押殿前班起居畢，引宰臣押文、武班起居，引中書令西階上殿，奏宋使見牓子。契丹臣僚起居，控鶴官起居。[3]遺留使、副西上閤門入，面殿立。[4]舍人引使副西階上殿，附奏起居訖，引西階下殿，於丹墀東，西面鞠躬，通名奏“聖躬萬福”，如告哀使之儀。謝面天顏，謝遠接、撫問、湯藥。引遺留使從人見亦如之。次引告登位使副奉書匣，於東上閤門入，面殿立。閤使東階下殿受書匣。中書令讀訖，舍人引使副東階上殿，附奏起居。引下殿，南面立。告登位禮物入，即於廊下橫門出。退，西面鞠躬，附奏起居，謝面天顏、遠接等，皆如遺留使之儀。宣賜遺留、登位兩使、副併從人衣物，如告哀使。應坐臣僚皆上殿就位立，分引兩使、副等於兩廊立。皇帝問使副“衝涉不易”，丹墀內五拜。各引上殿祗候位立。大臣進酒，皇帝飲酒。契丹通、漢人贊：[5]“殿上臣僚皆拜”，稱“萬歲”。贊“各就坐”，行酒、殽、茶、饍、饅頭畢，從人出，水、飯畢，[6]臣僚皆起。契丹通，漢人贊“皆再拜”，稱“萬歲”。各祗候。獨引宋使副下殿謝，五拜。引出。控鶴官門外祗候，報閤門無事，供奉官捲班出。

[1]百官：【劉校】“百”原本誤作“可”，明抄本、南監本、北監本和殿本均作“百”。中華點校本及修訂本逕改。今從改。

[2]“遺留使”及“謝登位使”：【劉校】中華點校本校勘記

云，"使，按下文並應作使副"。

[3]控鶴官：軍官名。遼漢軍有控鶴軍，是禁衛軍，因此控鶴官當爲禁衛軍官。《長編》卷五五宋真宗咸平六年（1003）七月己酉記李信云："國中所管幽州漢兵，謂之神武、控鶴、羽林、驍武等，約萬八千餘騎。""控鶴"是唐、五代禁軍舊有的名號。

[4]遺留使、副西上閣門入，面殿立：宋人費袞《梁谿漫志》卷三《入閣》："東晉太極殿有東、西閣，唐置紫宸上閣，法此制也……唐制，凡天子坐朝，必須立仗於正衙殿，或乘輿止御紫宸殿，既唤仗自宣政殿兩門入，是謂東、西上閣門也。"所謂東、西上閣門，即正殿通往便殿的東、西二門。遺留使和副使從西上閣門進入後，面殿而立。

[5]契丹通、漢人贊：漢臣贊唱的同時，契丹人也以自己的语言唱"殿上臣僚皆拜"。

[6]從人出，水、飯畢：隨從人員無資格享用殿上的國宴，故出去飲水、吃飯。從前遼寧農家盛夏時節將煮熟的高粱米飯過水，稱爲"水飯"。但這裏並不能理解爲這種"水飯"，而是飲水、吃飯。

高麗、夏國告終儀：先期，於行宮左右下御帳，設使客幕次於東南。至日，北面臣僚各常服，其餘臣僚並朝服入朝。使者至幕次，有司以嗣子表狀先呈樞密院，[1]准備奏呈。先引北面臣僚并矮敦已上近御帳相對立，其餘臣僚依班位序立。引告終人使右入，至丹墀面殿立。引右上，立。揖"少前"，拜，跪奏訖，宣問。若嗣子已立，恭身受聖旨，奏訖復位；嗣子未立，不宣問。引右下，丹墀面北鞠躬。通班畢，引面殿再拜。不出班奏"聖躬萬福"，再拜。出班謝面天顏，復位再拜。

出班謝遠接，復位再拜。贊"祗候"，退就幕次。再入，依前面北鞠躬，通辭，再拜；敘戀闕，再拜。贊"好去"。禮畢。

[1]樞密院：官府名。遼有北、南二樞密院，分別爲北、南官最高機構。此指北樞密院。北樞密院治宮帳、部族、屬國之事。屬國告哀，使者至幕次，通過有關官員先將嗣子——繼承人的表狀呈交樞密院審查，然後纔能上奏皇帝。

（李錫厚注　劉鳳翥校）